AF338088

ARCACHON
ET SES ENVIRONS

MONOGRAPHIE HISTORIQUE

PAR

M. OSCAR DEJEAN

Ancien Maire de La Teste,
Membre de la Société scientifique d'Arcachon, etc., etc.

Un joli volume in-18 jésus, de 300 pages, orné d'une carte
des environs d'Arcachon.

Prix : 3 francs.

Ce livre, écrit par un des fondateurs d'Arcachon, qui a
suivi pas à pas cette jeune cité dans sa marche florissante et
rapide, lui prêtant le concours de son intelligence et de son
expérience, réunit tout ce qui peut intéresser le propriétaire,
l'habitant et le visiteur d'Arcachon.

L'auteur débute par l'esquisse intéressante de l'histoire du
chemin de fer de Bordeaux à La Teste, une des premières
voies ferrées construites en France. Puis, prenant le voyageur
à la gare de Bordeaux, il l'accompagne durant le trajet et lui
fait tour à tour la description historique, pittoresque, agricole et industrielle de chacune des communes qu'il traverse
pour aller à Arcachon.

Il était du plus haut intérêt de remonter en avant dans
l'histoire du Captalat de Buch, dont les racines touchent à
l'ère gauloise; M. Oscar Dejean s'en est acquitté d'une façon
attrayante et savante, en faisant ressortir les époques et les
faits par lesquels cette contrée a pris part à l'histoire de la
Guienne. Ensuite, nous trouvons l'histoire de la création et
l'érection en commune de la ville naissante.

La partie historique n'est pas la seule qui ait préoccupé
M. Oscar Dejean; il n'a rien négligé pour être utile à ses lecteurs, qui trouveront au cinquième chapitre des renseignements sur les édifices d'Arcachon, les Hôtels, les Restaurants,
les Maisons meublées, le Service médical, la Poste aux lettres,
la Télégraphie électrique, l'Instruction publique, la Presse
locale, le Musée et l'Aquarium de la Société scientifique ; le
Casino, la Société immobilière d'Arcachon, l'Association syndicale et autres, le Théâtre, les Marchés, l'Usine à gaz, le Puits
artésien, le Commerce et l'Industrie en général.

L'histoire de l'antique pélerinage à la chapelle d'Arcachon
a été aussi pour M. O. Dejean le sujet d'une étude des plus
intéressantes ; il remonte à la fin du XVe siècle, époque à
laquelle le frère Thomas Illyricus créa ce pélerinage, puis il
donne l'histoire des modifications que la chapelle a subies
jusqu'à la construction de l'église actuelle.

Plus loin, des renseignements hygiéniques et médicaux
sur le climat, les bains, la saison d'été et la saison d'hiver à
Arcachon, rendent ce livre indispensable à tous les baigneurs.

Le bassin d'Arcachon a été le sujet d'une étude spéciale de
la part de l'auteur, dans laquelle il traite de l'amélioration de
la passe et de la création d'un port de refuge ; le rivage du
bassin, de Moulleau à la Pointe du Sud et de Ferret à Piquey, l'île des Oiseaux, la pêche, les parcs à huîtres, la
chasse aux canards sauvages, etc. Puis, suivant les bords du
bassin, il décrit les communes riveraines en s'arrêtant successivement à La Teste, Gujan, Le Teich, Biganos, Audenge,
Lanton, Andernos, Arès et Lège.

Enfin, cette intéressante monographie est terminée par un
chapitre sur l'histoire naturelle du pays et la Société scientifique d'Arcachon.

Ecrit dans un style clair, élégant et concis, ce livre sera
bientôt dans les mains de tous les amis d'Arcachon.

E. F....

Bordeaux, le 12 Août 1867.

Bordeaux, Typ. Ve Justin Dupuy et Ce., rue Gouvion, 20.

ARCACHON

ET SES ENVIRONS

ARCACHON

ET SES ENVIRONS

PAR

M. OSCAR DEJEAN

<table>
<tr><td align="center">

PARIS

E. DENTU, LIBRAIRE-ÉDITEUR

13, Galerie d'Orléans (Palais-Royal).

</td><td align="center">

BORDEAUX

P. CHAUMAS, LIBRAIRE-ÉDITEUR

34, Fossés du Chapeau-Rouge.

</td></tr>
</table>

1858

ARCACHON

ET SES ENVIRONS

—◦◦⟨❊⟩◦◦—

I.

**CHEMIN DE FER DE BORDEAUX A LA TESTE.— CHEMINS DE FER
DU MIDI : EMBRANCHEMENT D'ARCACHON.**

Les bords du bassin d'Arcachon ont l'immense
avantage de jouir, depuis longtemps déjà, d'une
de ces merveilleuses voies de communication que
le génie de notre siècle a enfantées. Le chemin
de fer de Bordeaux à La Teste-de-Buch est, en
effet, un des premiers que l'on ait construits en
France, où tant de localités plus riches et plus
populeuses que les Landes réclament encore au-

jourd'hui, sans succès, la création de lignes dont elles attendent la vie et la prospérité.

Dans le courant de l'année 1835, M. Godinet, notaire à Bordeaux, proposa d'établir une voie ferrée entre Bordeaux et La Teste. Cette demande fut soumise à une enquête publique, conformément aux règlements sur la matière. Quelques oppositions, sans fondement réel ou dictées par des considérations d'intérêt privé, se produisirent; mais les résultats de cet appel à l'opinion publique furent généralement favorables au projet, unanimement appuyé d'ailleurs par la Chambre de commerce de Bordeaux, le Conseil général de la Gironde, la Commission d'enquête, les Ingénieurs et le Préfet du département. Le Conseil général des ponts-et-chaussées donna également un avis favorable, après avoir toutefois indiqué, relativement aux prix du tarif, au mode de concession et sous le rapport de l'art, diverses améliorations, qui furent adoptées par le Gouvernement.

Le projet, ainsi modifié, fut présenté à la Chambre des députés par M. Martin (du Nord), ministre des travaux publics, de l'agriculture et du commerce, le 3 juin 1837, et à la Chambre des pairs, le 2 juillet suivant. Sur les rapports de MM. Laurence, député des Landes, et de La Villegontier, pair de France, les deux Chambres votèrent la loi, qui reçut la sanction royale le 17 juillet 1837.

Le préfet de la Gironde, M. le comte de Preis-
sac, délégué par le Ministre, procéda, le 26 octobre
suivant, à l'adjudication de cette concession , sur
une mise à prix de quatre-vingt-dix-neuf années
de jouissance. Six soumissionnaires répondirent à
l'appel; mais trois soumissions seulement furent
agréées, les trois autres ayant été rejetées pour in-
suffisance de cautionnement. L'habile ingénieur
du beau pont de Cubzac , M. Fortuné de Vergès,
fut déclaré adjudicataire , moyennant l'énorme ra-
bais de soixante-quatre ans trois mois et sept jours,
ce qui réduisit la durée de la concession à *trente-
quatre ans, huit mois et vingt-trois jours*. Ses
deux concurrents demandaient : l'un , quarante-
huit ans et cinq mois; l'autre, quatre-vingts ans.

Par acte passé devant Mᶜ Lehon, notaire à Paris, le 23 février 1838 , M. de Vergès et ses asso-
ciés, MM. Bayard de La Vingtrie frères, fondèrent,
pour la construction et l'exploitation du chemin de
fer de Bordeaux à La Teste, une société anonyme
avec MM. Henry-Nicolas Hovy, Walter et David
Johnston , Henry Cart-Mestrezat et Compagnie,
Lopès-Pereyra frères, Nathaniel Johnston et fils,
Jacques Galos et fils, et David-Frédéric Lopès-
Dias, négociants à Bordeaux. Le fonds social de
cette association, qui prit le nom de *Compagnie
du chemin de fer de Bordeaux à La Teste,* fut
fixé à la somme de cinq millions, pouvant être

élevée jusqu'à celle de six millions, par une délibération de l'assemblée générale des actionnaires;
ces cinq millions furent divisés en dix mille actions
de cinq cents francs chacune. Le conseil d'administration se composa d'un membre de chacune
des sept maisons de commerce sus-nommées, et
la Société fut autorisée par une ordonnance royale
en date du 25 février 1838.

M. de Vergès demeura chargé de l'exécution
des travaux, qui commencèrent bientôt sur quelques points; mais de graves et nombreuses difficultés ayant surgi relativement au tracé général du
chemin et à plusieurs autres dispositions du cahier
des charges, une seconde loi dut être sollicitée par
la Compagnie, qui ne parvint à l'obtenir que le
1er août 1839.

Dans le courant du même mois, S. A. R. Mgr le
duc d'Orléans, qui se trouvait à Bordeaux, donna
au pays une haute preuve de sympathie. Le prince
se rendit à La Teste, explora le tracé du chemin
de fer et son point d'arrivée, visita le canal en construction de la Compagnie des Landes, les défrichements de la Compagnie d'Arcachon, les semis
des dunes, le magnifique bassin d'Arcachon; et, le
lendemain 24 août, il posa la première pierre du
pont jeté sur la ruette de Ségur, à l'entrée de la
gare. Mgr Donnet, archevêque de Bordeaux, bénit
cette première pierre, et, dans des paroles pleines

d'onction, exprima les vœux les plus bienveillants pour le succès de l'entreprise.

A dater de cette époque, les travaux de terrassements prirent une activité remarquable, et à peine cinq mois plus tard, M. D.-G. Mestrezat, président du Conseil d'administration, annonçait aux actionnaires, réunis en assemblée générale, que les terrains étaient achetés sur quarante-cinq mille mètres de parcours, le chemin ouvert sur trente mille mètres, et que l'on commençait à s'occuper de la pose des traverses et des rails, en même temps que de la construction du viaduc de Pessac.

Au commencement de l'année 1841, les travaux étaient déjà en voie d'achèvement. La Compagnie reconnut alors que les dépenses de son entreprise, fixées dans les premières évaluations à la somme de trois millions 950,000 fr., atteindraient un chiffre supérieur aux cinq millions de fonds social; elle s'adressa de nouveau à l'État, demandant que sa jouissance fut élevée au maximum de quatre-vingt-dix-neuf ans. Sur la proposition du Gouvernement, la durée de la concession fut portée, par la loi du 13 juin 1841, à *soixante-dix ans*, c'est-à-dire au double, en chiffres ronds, du prix auquel M. de Vergès avait obtenu l'adjudication.

Quelques semaines après, les travaux étaient terminés.

Le 6 juillet 1841, au milieu d'un immense concours de population, Sa Grandeur Mgr l'Archevêque de Bordeaux et les premières autorités du département, ayant à leur tête M. le préfet de la Gironde, vinrent inaugurer cette nouvelle voie de communication. Le vénérable prélat bénit solennellement cette œuvre destinée à régénérer la contrée, et appela sur elle la protection de Dieu.

Le lendemain, 7 juillet, le service régulier des trains fut mis en activité : le public monta, pour la première fois, dans les wagons, qui partirent également de Bordeaux et de La Teste, et recueillirent à chaque station de nombreux voyageurs, justement désireux de se convaincre par eux-mêmes de la réalité du bienfait dont le pays allait jouir.

La longueur totale du chemin de fer de Bordeaux à La Teste-de-Buch était de 52,300 mètres ; il n'avait qu'une seule voie ; mais la zône de terrain acquise présentait assez de largeur pour permettre l'établissement d'une seconde ligne de rails dès que le besoin du service l'exigerait. Outre les deux gares principales de Bordeaux et de La Teste, il possédait vingt stations ou gares intermédiaires (1), ouvertes aux marchandises et aux voya-

(1) Ce nombre fut porté à vingt-une, par l'établissement de la station de La Hume, créée en 1844. Une rampe d'accès fut également construite entre cette nouvelle gare et le canal d'Arcachon, dont les intéressés assurèrent spontanément à la Compagnie du chemin de fer un amortissement de 6,000 fr., partie notable de la dépense faite.

geurs. Soixante-six gardes ou cantonniers étaient échelonnés sur le parcours du chemin pour le tenir en bon état, faire les signaux nécessaires, rendre impuissants les efforts de la malveillance, et assurer ainsi la marche des trains contre tous les accidents qui auraient pu provenir de la voie.

L'utilité réelle du chemin de fer, les soins apportés dans l'organisation du service et la régularité avec laquelle il fut fait dès les premiers jours, obtinrent à la Compagnie les justes et légitimes sympathies du public. Malheureusement, les résultats financiers qu'elle était en droit d'espérer ne répondirent pas à son attente. Un emprunt de la somme d'un million de francs, reconnu nécessaire par l'assemblée générale des actionnaires, fut réalisé au moyen de neuf cent quarante-une obligations, produisant un intérêt de 50 fr. par an, émises au taux de 1,062 fr. 27 c., valeur du 1er juillet 1843.

Cette nouvelle charge, dont la Société se grevait pour acquitter les dernières dépenses de la construction, ne trouva point d'équivalent dans les revenus nets de l'exploitation, qui ne produisit pas même, à dater de l'année 1846, une somme suffisante pour payer les intérêts et le remboursement annuel de l'emprunt. Aussi, dès cette époque, fallut-il, de la part de la Compagnie, réaliser des prodiges d'économie et de bonne administration pour que le service pût continuer régulièrement.

Néanmoins, grâce aux sages mesures adoptées, à la confiance d'une partie des porteurs d'obligations, qui consentirent à ne pas réclamer immédiatement le paiement des sommes à eux dues, grâce enfin au concours des banquiers de la Compagnie, les choses auraient encore pu marcher jusqu'à ce que le Gouvernement eût été en mesure de secourir efficacement l'entreprise, si la Révolution de février 1848 ne fût venue aggraver la position d'une manière très-fâcheuse. Le mouvement des voyageurs se ralentit, les transports de marchandises diminuèrent sensiblement; une telle réduction des recettes s'ensuivit, que des mois, ordinairement favorables, ne couvrirent même pas les charges de l'exploitation. La saison des bains de mer s'ouvrit tard : les circonstances graves dans lesquelles on se trouvait ne permirent pas de s'y rendre comme précédemment, et ils furent beaucoup moins fréquentés que les années antérieures.

A la fin du mois de septembre 1848, accablée par une force majeure irrésistible, la Compagnie, impuissante à soutenir son œuvre, exposa au Gouvernement sa triste situation et réclama de lui, soit le rachat du chemin, soit une subvention ou un prêt d'argent, soit enfin la mise sous séquestre. M. Neveux, alors préfet de la Gironde, qui, dès les premiers jours de son arrivée dans le département, avait parcouru la ligne, inspecté ses principaux établissements, apprécié l'importance du bassin d'Arcachon et des forêts de l'État qui l'environnent, appuya énergiquement ces réclamations, et, le 30 octobre 1848, un arrêté du chef du Pouvoir exécutif plaça sous séquestre le chemin de fer de Bordeaux à La Teste, ordonna qu'il serait administré et exploité sous la direction du Ministre des travaux publics, tous les droits des actionnaires et des tiers réservés, et nomma M. Deschamps, ingénieur en chef des ponts-et-chaussées, administrateur du séquestre.

Une loi, rendue par l'Assemblée nationale, le 17 novembre suivant, sanctionna ces dispositions, en autorisant le prélèvement, sur les crédits affectés aux chemins de fer, des sommes nécessaires pour assurer le service, qui n'éprouva, dès lors, aucune interruption ; il continua de marcher sous la protection spéciale de l'État, et les bords du bassin d'Arcachon n'eurent plus à redouter l'abandon, même momentané, d'une voie de communication indispensable au développement du progrès dont ils voyaient déjà luire sur eux la radieuse aurore.

Dès l'année 1837, en soumissionnant la ligne de La Teste, les fondateurs de l'entreprise avaient quelque espoir d'en faire ultérieurement la tête du chemin de fer de Bordeaux à Bayonne ; la possibilité en avait même été indiquée, devant les deux

Chambres, par les rapporteurs de la loi de concession. En présence des mécomptes éprouvés par la Compagnie, cette espérance devint sa seule planche de salut, l'unique moyen sérieux d'assurer l'existence de son œuvre. Aussi, dès que la loi du 11 juin 1842, relative à l'établissement des grandes lignes de chemins de fer, eut mis au nombre des voies à créer la ligne de Paris à la frontière d'Espagne, par Tours, Poitiers, Angoulême, Bordeaux et Bayonne, le conseil d'administration s'empressa-t-il de demander que le chemin de La Teste fût utilisé jusqu'à Lamothe par celui de Bordeaux à Bayonne.

Après dix années de sollicitations persévérantes et énergiques, la Compagnie vit enfin ses efforts couronnés de succès. Dans la convention passée, le 24 août 1852, entre l'État et la Société des chemins de fer du Midi et du canal latéral à la Garonne, il fut stipulé que le chemin de fer de Bordeaux à Bayonne emprunterait, entre Bordeaux et Lamothe, le chemin de fer de Bordeaux à La Teste. Un décret du Président de la République, en date du même jour, et la loi du 28 mai 1853 ratifièrent ces conventions, qui assuraient pour toujours à la plage d'Arcachon l'existence de son *rail-way*.

Préalablement, et le 27 mars 1852, la Compagnie du chemin de fer de La Teste avait passé avec MM. Émile et Isaac Pereire, qui organisaient alors la Compagnie du Midi, un traité par lequel la ligne de La Teste était donnée à bail moyennant diverses conditions qu'il est inutile d'énumérer ici, mais au nombre desquelles se trouvait l'engagement par MM. Pereire de payer toutes les dettes échues ou à échoir, au fur et à mesure de leur exigibilité. Ce traité, déposé entre les mains de M. le Ministre des travaux publics, sanctionné par le Corps législatif et le Sénat, rendu définitif par l'acceptation de la Compagnie des chemins de fer du Midi et du canal latéral à la Garonne, reçut son exécution à partir du 30 mai 1853, jour où le service de la ligne de La Teste fut livré à cette puissante Compagnie.

Par décret impérial du 1er septembre 1853, le séquestre mis sur le chemin de fer de Bordeaux à La Teste fut levé ; il datait, nous l'avons déjà vu, du 30 octobre 1848, et a par conséquent duré cinq ans moins deux mois.

La ligne de Bordeaux à Bayonne a été ouverte, d'abord, jusqu'à Morcenx, puis jusqu'à Dax, le 12 novembre 1854, et enfin jusqu'à Bayonne, le 25 mars 1855.

Le progrès toujours croissant de la plage d'Arcachon réclamait impérieusement, depuis plusieurs années, la prolongation du chemin de fer depuis La Teste jusqu'à la nouvelle ville de bains. Un premier projet, présenté vers la fin de l'année 1854, et comprenant l'établissement de deux gares, l'une à l'entrée d'Arcachon et l'autre auprès de l'église paroissiale, demeura sans résultat ; un second projet, soumis aux enquêtes dans les premiers mois de 1856, fut plus heureux. Par convention du 4 avril 1857, S. Exc. M. le Ministre de l'agriculture, du commerce et des travaux publics concéda, au nom de l'État, à la Compagnie des chemins de fer du Midi et du canal latéral à la Garonne, pour une durée de jouissance égale au temps restant à courir sur la durée de la concession du chemin de fer de Bordeaux à La Teste, un prolongement du dit chemin partant de la gare de La Teste et aboutissant en face du débarcadère d'Eyrac, à proximité de la route départementale de Bordeaux à Arcachon. La Compagnie s'engageait, par le même acte, à exécuter tous les travaux dans le délai d'un an, et, en outre, à acquérir dans le même délai les terrains nécessaires pour poser une seconde voie sur le chemin de fer de Bordeaux à La Teste, à partir de Lamothe. Un décret impérial du 14 avril 1857 approuva cette concession, et les travaux, déjà commencés depuis plusieurs mois, prirent assez d'activité pour que le service pût être ouvert jusqu'à Arcachon, le dimanche 26 juillet suivant.

Quelques semaines après, une imposante cérémonie religieuse consacrait ce nouveau gage du brillant avenir de la jeune cité. Le dimanche, 6

septembre 1857, Son Ém. Mgr le cardinal Donnet.
archevêque de Bordeaux, assisté de Sa Grandeur
Mgr Gignoux, évêque de Beauvais, bénissait solennellement la nouvelle voie, en présence de M. de
Mentque, préfet de la Gironde, de plusieurs nota-
bilités du département, des autorités et des fonctionnaires locaux. Le vénérable prélat offrit ensuite
à Dieu la victime sainte, et, le soir, une magnifique
procession nautique portait en triomphe, sur les
eaux salutaires du bassin d'Arcachon, l'image vénérée de la Madone qui veille sur ces fortunés
rivages.

II.

Le chemin de fer de Bordeaux à La Teste avait
établi sa gare à la barrière de Pessac, dans la partie
ouest de la ville de Bordeaux, sur le domaine de
Ségur ; elle est restée là jusqu'au mois de juillet
1855, époque où la Compagnie du Midi a réuni sur
un seul point les têtes des chemins de Bayonne et
de Cette. L'embarcadère commun à ces deux lignes
se trouve aujourd'hui dans le quartier sud de Bordeaux, à l'extrémité du cours Saint-Jean et à peu
près à la hauteur des chantiers de construction ; il
est à une distance d'environ trois kilomètres du
centre de la ville, et à cinq kilomètres du faubourg
des Chartrons.

Les omnibus qui y conduisent partent : 1° du

bureau central, cours du XXX–Juillet, nº 8 (place de la Comédie) ; 2º du quai des Chartrons, nº 86 ; 3º de la place Dauphine, nº 22 ; 4º de la place d'Aquitaine, nº 17 ; 5º du quai des Salinières, nº 1. Le prix du parcours est de 25 c. par voyageur et 20 c. par colis.

Le tarif du chemin de fer de Bayonne est à peu près le même que celui des autres voies ferrées. — La distance réelle entre Bordeaux et Arcachon est de 58 kilomètres, et le prix des places de : 6 fr. 25 c., dans les voitures de première classe ; 4 fr. 70 c., dans les voitures de deuxième classe ; 2 fr. 45 c., dans celles de troisième classe. On délivre aussi des billets spéciaux, pour l'aller et le retour, à 7 fr., 5 fr. et 3 fr. Enfin, pendant l'été, la Compagnie organise, les dimanches et jours de fête, des trains de plaisir aux prix de 3 fr. 50 c., 2 fr. 50 c. et 1 fr. 50 c.

Au–dessous de trois ans, les enfants ne paient rien ; de trois à sept ans, ils paient demi–place ; au–dessus de sept ans, ils paient place entière.

Chaque voyageur a droit au transport gratuit de 30 *kilogrammes* de bagages. Cette franchise ne s'applique pas aux enfants transportés gratuitement, et elle est réduite à 20 *kilogrammes* pour les enfants qui ne paient que demi-place.

Les cartes d'abonnement se paient 40 fr. pour la quinzaine et 60 fr. pour le mois ; elles donnent

droit à la libre circulation entre Bordeaux et Arcachon, et les stations intermédiaires, dans les voitures de première classe; on n'en délivre ni pour
la seconde ni pour la troisième classe. Ces cartes
sont nominatives et personnelles; elles ne peuvent,
sous peine d'annulation, être prêtées, données, ni
vendues.

Les trains omnibus font habituellement le trajet
en deux heures. Les trains directs et les express
ne mettent qu'une heure dix minutes à une heure
et demie au plus.

GARE DE SAINT-JEAN (BORDEAUX).

42 Kilomètres de Lamothe. — 58 Kilomètres d'Arcachon.

Nous n'avons rien à dire des bâtiments de cette
gare. A part les ateliers, ce ne sont que des constructions provisoires de bois et de plâtre, qui attendent le moment où la tête du chemin se fera jour
sur le quai, et opérera sa jonction avec la ligne de
Paris, en traversant la Garonne sur une élégante
passerelle...

Hâtons-nous de prendre nos billets et de faire
enregistrer nos bagages, car le monstre qui s'ap-
prête à nous remorquer témoigne par ses sourds
mugissements de l'impatiente ardeur qui l'anime.

Les portes des salles d'attente s'ouvrent; nous

nous élançons dans les wagons. Comme partout, l'affluence se porte aux places de troisième classe : les voyageurs de seconde classe sont beaucoup moins nombreux, et ceux de la première encore plus rares. C'est vraiment dommage, car les voitures de cette classe surtout sont belles, spacieuses et très-confortables.

La cloche a sonné, le dernier coup de sifflet du chef de gare a retenti, la locomotive jette son cri de liberté, elle s'élance sur les rails et nous roulons avec elle.

Bientôt nous nous séparons de la ligne de Toulouse et Cette, qui prend la gauche. Bordeaux s'enfuit à droite et derrière nous, comme pour éviter le long panache de fumée que lui jette notre ardent véhicule ; déjà nous perdons de vue les clochers décapités de St-Michel et Ste-Eulalie, la tour de Pey-Berland disparaît, et les deux gracieuses flèches de St-André s'effacent dans le lointain.

La voie se creuse, les talus grandissent de chaque côté de notre voiture ; nous passons rapidement sous les deux ponts des routes impériales, n° 10, de Bordeaux à Toulouse, et n° 132, de Bordeaux à Bayonne. Puis les déblais diminuent ; revenus à l'horizon, nous apercevons, à gauche, le clocher carré de la nouvelle église de Talence, déjà trop petite pour contenir les pieux visiteurs de ce sanctuaire de Marie, et nous rejoignons, à la Médoquine, l'ancienne ligne du chemin de fer de La Teste, qui, comme nous l'avons déjà dit, partait de Ségur.

Cette vaste maison carrée, qui s'élève à peu de distance, sur la gauche, est le manoir de l'ancien domaine de Chollet, dépendant de la sénatorerie de Bordeaux, donnée par l'Empereur Napoléon Ier, au maréchal marquis de Pérignon, en 1804. Le nouveau sénateur échangea bientôt ce château, trop modeste pour sa haute position, contre un domaine aux environs de Paris, et l'État, redevenu propriétaire de Chollet, le vendit sous la Restauration ; il appartient actuellement à M. Cayrou, négociant à Bordeaux.

La Médoquine était la première station du chemin de fer de La Teste, station inutile pour les voyageurs et qui servait uniquement à embarquer les produits des carrières de pierre calcaire existantes aux alentours. Nous laissons à gauche l'ancien bâtiment de cette station, et à droite, à peu près en face, l'établissement de *danses, noces et festins* qui a donné son nom au quartier. Cet établissement, l'un des plus renommés des environs de Bordeaux, est sur le bord de la route départementale, n° 4, de Bordeaux à Arcachon, qui restera ainsi toujours à notre droite jusqu'au Teich, où nous la laisserons à gauche, pour la traverser de nouveau à La Teste et l'avoir encore à droite jusqu'au terme du voyage.

Les vignobles qui nous entourent sont les plus anciens du département ; c'est ici, sur ce sol caillouteux et sablonneux, impropre à toute autre culture, qu'ont dû être plantées les premières vignes du Bordelais. Nous traversons d'abord la propriété de la Mission, située sur la commune de Talence et appartenant à M. Chiapella, puis le beau domaine de Haut-Brion, situé partie dans Talence et partie dans Pessac ; ce sont les deux premiers crûs des excellents *vins rouges de Graves.*

Haut-Brion, dont le château s'élève, à notre droite, sur le bord de la route départementale, appartenait, en 1793, à la famille de Fumel, qui émigra. Mis en vente, comme propriété nationale, ce domaine fut acheté par M. le prince de Talleyrand, qui le revendit, sous la Restauration, à l'aîné des frères Michel, riches banquiers dont le nom a retenti naguère devant les tribunaux de la capitale. Acquis en 1825, de M. Michel, par M. Beyermann, moyennant une rente viagère annuelle de 25,000 francs, il fut de nouveau vendu aux enchères, à Bordeaux, en 1837 ; le propriétaire actuel, M. Eugène Larrieu, en devint adjudicataire au prix de 100,000 francs de capital et 25,000 fr. de rente viagère, qui n'a été payée que pendant dix-huit mois. Ce domaine vaut aujourd'hui plus d'un million ; ses vins se vendent jusqu'à 6,000 fr. le tonneau.

Mais nous cotoyons depuis un instant le viaduc

sur lequel l'ancienne voie du chemin de fer de La Teste franchit le vallon qui sépare la côte de Haut-Brion du bourg de Pessac. Ce viaduc a 920 mètres de longueur, 10 mètres 80 centimètres de hauteur au niveau de la voie, et 3 mètres 50 centimètres de largeur entre les parapets ; ses arches sont au nombre de quatre-vingt-onze ; elles ont chacune 10 mètres d'ouverture sur une élévation intérieure de 5 mètres 5 centimètres à 9 mètres 90 centimètres. C'est le plus bel ouvrage d'art qui existe sur la ligne ; il est regrettable que les terrassements de la nouvelle voie en aient enfoui presque toute la partie inférieure.

Après avoir quitté le viaduc, et en arrivant à la première station, nous passons devant l'église de Pessac, dont le modeste cimetière semble placé là pour nous rappeler, à nous que la vapeur emporte d'une course rapide et qui nous enorgueillissons peut-être de la grandeur des conceptions humaines, qu'il est pour nous un terme où tout s'arrête ici-bas et devant lequel le génie lui-même doit courber religieusement la tête.

1re STATION. — PESSAC.

7 Kilomètres de Bordeaux. — 35 Kilomètres de Lamothe. — 51 Kilomètres d'Arcachon.

Chef-lieu d'un des plus beaux cantons de la Gironde, situé sur un riant coteau, doublement relié avec Bordeaux par le chemin de fer et par la route départementale n° 4, Pessac, qui n'avait en 1842 que 1,300 habitants, en a aujourd'hui 2,400 : sa population a presque doublé depuis l'ouverture de la ligne de La Teste, à laquelle il doit la prospérité toujours croissante dont il jouit. C'est le bourg le plus vivant et le plus gai des environs ; constamment visité, même dans l'hiver, par de nombreux équipages de la ville, il devient, pendant toute la belle saison, un des lieux de promenade les plus fréquentés de la population bordelaise. La facilité que l'on a de s'y rendre, l'air pur qu'on y respire, la fraîcheur et l'ombre que l'on y trouve sous de beaux arbres d'essences diverses, justifient pleinement cette constante préférence.

Outre le château de Haut-Brion, que nous avons déjà cité, et celui de Sainte-Marie, dont nous allons nous occuper tout à l'heure, cette commune renferme encore le château du Vallon, bâti par le célèbre Louis, architecte du Grand-Théâtre de Bordeaux, et le château de Bellegrave, où l'infâme Lacombe venait, aux jours de sa puissance, se livrer à des orgies dignes de ses sanglants forfaits.

Pessac ne produit pas seulement d'excellent vin ; on y récolte aussi, en abondance, de grosses fraises d'une saveur exquise, des groseilles, des framboises et de très-bons légumes de toute espèce. Les fraisiers sont généralement plantés dans les vignes ;

le même sol leur convient, et les meilleures fraises sont celles que l'on cueille dans les terrains les plus graveleux. C'est un des revenus les plus importants de la localité.

La station est située sur le côté sud du bourg ; elle dessert non seulement les communes de Pessac, Mérignac, Gradignan et Canéjan, dont la population réunie s'élève à plus de 9,000 âmes, mais encore une partie de Talence et de Caudéran, et même certains quartiers de la ville de Bordeaux, pour lesquels il est plus commode de prendre ou de quitter les trains à Pessac qu'à la gare de Saint-Jean. L'administration du chemin de fer aurait tort de négliger cette station, qui deviendra très-importante si elle est bien desservie.

Après avoir traversé les acacias qui entourent la ligne, au sortir de la station, nous apercevons, sur la droite, les vignes du *Pape-Clément,* ainsi appelées parce qu'elles ont appartenu au souverain pontife Clément V.

Né à Villandraut, dans le Bazadais, Bertrand de Goth, d'abord chanoine de Saint-André, puis évêque de Comminges, était archevêque de Bordeaux depuis l'an 1300, lorsqu'il fut élu pape le 5 juin 1305 ; il fit publier le décret de son élection dans l'église métropolitaine de Saint-André, le 24 juillet suivant, prit le nom de Clément V, et fut couronné à Lyon, dans l'église de Saint-Juste, le 14 novembre de la même année. A cette époque, l'Italie en feu, Rome déchirée par les Guelfes et les Gibelins, n'offraient pas au vicaire de Jésus-Christ la sécurité nécessaire : il dut renoncer à aller se fixer dans les États de l'Église et rester dans sa patrie, où, pendant quatre ans, la Cour pontificale résida successivement à Lyon, Bordeaux, Pessac, Uzeste, Villandraut, Poitiers, et de nouveau à Villandraut, Uzeste et Pessac. Enfin, en 1309, Clément V quitta, pour ne plus la revoir, sa Guienne bien-aimée. L'Italie, jalouse de ce qu'il demeurât en France, le réclamait à grands cris ; ne pouvant pas entrer à Rome, toujours désolée par les guerres civiles, il voulut du moins se rapprocher d'elle, et il établit le Saint-Siége à Avignon, dans l'espoir de n'y rester que peu de temps. Mais ses vœux ne devaient pas être exaucés ; il mourut à Roquemaure (Gard), le 19 avril 1314, sans avoir eu la consolation de ramener la papauté dans la ville éternelle. Ce n'a été que soixante-trois ans après, en 1377, que Grégoire XI a reporté le Saint-Siége à Rome.

Les calomnies qui, depuis cinq siècles, pèsent sur la mémoire de Bertrand de Goth, disparaissent quand on les examine à la lueur du flambeau de l'histoire. Aux imputations mensongères dont on chercherait encore à flétrir cette grande gloire bordelaise, nous nous bornerons à répondre, avec

l'annaliste Raynaldi, que « *Clément V fut un homme*
-» *zélé pour l'Eglise romaine, un vrai pasteur,*
» *un pontife comparable aux plus grands papes.* »

En s'éloignant pour toujours de son ancien diocèse, Clément V voulut lui laisser un dernier gage
de son affection. Par une bulle du douzième des
calendes de décembre, l'an quatrième de son pon-
tificat (1309), il fit donation du domaine de Pessac, qu'il tenait de son cousin-germain, Gaillard de
Goth, au cardinal Arnaud de Canteloup, archevêque de Bordeaux, pour lui et ses successeurs, qui
en ont joui jusqu'en 1791, époque où il fut vendu
par la nation. Le manoir de Bertrand de Goth porte
aujourd'hui le nom de *château de Sainte-Marie*
de Bel-Air. Il fait partie du quartier de Madran,
situé derrière celui du Monteil, que nous voyons à
droite et qui est traversé par la route départementale.

Sur la gauche, nous laissons la belle propriété
de M. Grangeneuve, notaire à Bordeaux, dont
l'avenue, coupée par le chemin de fer, aboutit à
la route départementale. Au delà de cette propriété
se trouve le quartier de Ladonne, et un peu plus
loin celui de l'Évêque.

Après avoir traversé quelques bois de chênes,
de pins et d'acacias, nous passons d'abord, à droite,
devant la propriété de Larroque, qui a autrefois
appartenu au général Despéramons, puis devant

l'ancienne station de Saint-Médard, dont le bâtiment s'élève à notre gauche. C'était la troisième station du chemin de fer de La Teste; elle est aujourd'hui supprimée. Derrière ce bâtiment, existe une tuilerie construite en 1844.

On aperçoit en face, sur le bord de la route départementale, les quartiers de l'Alouette et de Livrac, dans lesquels se trouvent aussi plusieurs tuileries et une fabrique de poterie de terre. Les argiles de Pessac et celles de Cestas, où nous allons arriver, sont excellentes : l'art céramique est appelé à prendre une très-grande extension dans ces deux localités.

Toujours à droite, et le long de la route départementale, sont les propriétés de Livrac et la salle de Livrac, les vignes de France dépendant du château de Sainte-Marie ; puis Belle-Assise et Chappement, qui ne forment plus qu'un seul domaine, possédé aujourd'hui par M. Saint-Martin, de Bordeaux, et autrefois par M. Hugues, inventeur d'un semoir et d'un procédé d'extraction des résines auxquels il a donné son nom.

A gauche, est le domaine de Bacalan, appartenant à M. Chevalier, avocat à Bordeaux.

Mais nous sommes entrés, depuis un moment, dans une forêt dont les arbres sont sillonnés par une large entaille perpendiculaire, s'élevant à quatre ou cinq mètres de hauteur au-dessus du sol;

c'est une forêt de pins en exploitation. Le pin maritime *(pinus maritima)* réussit admirablement dans les sables, et il permet d'utiliser des terrains impropres à toute autre culture. Grâce à lui, la lande, qui s'avançait autrefois comme une lèpre hideuse jusqu'au bourg même de Pessac, s'est graduellement éloignée, et disparaît chaque jour davantage.

La majeure partie des bois que nous traversons, datent des années 1825 à 1828, époque où fut créée la route départementale de Bordeaux à La Teste, dont l'exécution est due à M. le baron d'Haussez, qui, comme on le sait, lorsqu'il devint ministre de la marine, en 1829, était, depuis cinq ans, préfet de la Gironde. Cet habile administrateur portait le plus vif intérêt aux Landes en général, et à La Teste en particulier ; les événements politiques, en l'éloignant du pouvoir, ne lui permirent pas de réaliser les importantes améliorations qu'il avait projetées.

Les grands pins ont fui derrière nous, et nous sommes maintenant entourés, des deux côtés, d'arbres de même espèce, mais beaucoup plus jeunes ; on les éclaircit en coupant de l'*œuvre*, destinée, selon sa grosseur, à des échalas pour la vigne, des tuteurs pour les arbres, des piquets pour les treilles et les clôtures, etc. Cette jeune forêt dépend du domaine de Pinon, appartenant à M. Derratier, de Bordeaux, dont nous entrevoyons, à gauche, le joli manoir bâti en 1843.

En arrivant à la station, nous traversons le domaine de Gazinet, propriété de la famille Pereyra : la maison est à droite, entourée de beaux arbres d'essences diverses, de vertes prairies, et d'une jeune vigne qui touche au chemin de fer.

2e STATION. — GAZINET.

13 Kilomètres de Bordeaux. — 20 Kilomètres de Lamothe. — 45 Kilomètres d'Arcachon.

Autrefois, lorsqu'on était réduit à faire, à cheval ou en charrette à bœufs, le voyage de Bordeaux à La Teste, voyage qui, avec ce dernier mode de locomotion, ne durait souvent pas moins de deux ou trois jours, autrefois, disons-nous, on ne parlait pas sans une certaine frayeur du passage de Gazinet, ou *Gaginet*, qui non seulement était fort dangereux à cause de ses marécages, mais avait en outre la réputation, peu méritée peut-être, de servir d'asile à de hardis voleurs. Aujourd'hui, nous allons de Bordeaux à La Teste et Arcachon en une heure et demie ; nous n'avons plus à craindre ni voleurs, ni fondrières, et parfois, néanmoins, nous nous plaignons encore.

Gazinet est un petit hameau situé partie dans Pessac et partie dans Cestas, qui sont séparés par la route départementale. La station est établie sur le territoire de la dernière de ces deux communes, dont le bourg est à environ trois kilomètres.

A gauche, est le domaine de Monsalut, appartenant à M. le docteur Rollet, médecin principal de l'hôpital militaire de Bordeaux ; il y a, dans ce domaine, un marais à sangsues remarquable, deux tuileries dont les produits sont excellents, et une source abondante d'eau ferrugineuse.

A droite, après avoir quitté la station, on aperçoit les quartiers de Maguiche et de Lesticaire, échelonnés sur la route départementale. Puis on traverse alternativement des semis de pins, des taillis de chênes, quelques prairies nouvellement créées dans des marais naguère impraticables, et l'on arrive en face du quartier des Arrestieux, où s'élève la chapelle de Saint-Vincent de Paule. Commencée en 1854, grâce à la persévérante initiative de M. Roux, de Bordeaux, cette chapelle a été bénite, bien qu'elle ne fût pas encore entièrement achevée, le 18 juillet 1855, par Son Éminence le cardinal Donnet, archevêque de Bordeaux. Depuis cette époque, les offices divins y sont régulièrement célébrés les jours de dimanches et de fêtes ; les quartiers éloignés qu'elle dessert, et qui dépendent des communes de Pessac, Cestas et Saint-Jean-d'Illac, sont appelés à former plus tard une paroisse et une commune distinctes.

A peu de distance de la chapelle, toujours sur

la route départementale, et à l'extrémité du territoire de Pessac, est située une petite propriété que
Mlle Lepreux, supérieure de l'hospice de Notre-
Dame de Bonne-Espérance, au Tondu, vient d'acquérir, dans le but d'y former un établissement
pour les épileptiques, auxquels on fera suivre le
traitement employé à l'Asile spécial de Tain
(Drôme), traitement qui obtient depuis longues
années d'heureux résultats.

Au devant de cette propriété, est une vaste
ferme créée depuis l'ouverture du chemin de fer,
et qui appartient à la famille Pereyra. Nous la traversons pour arriver à Toctoucau, cinquième station de l'ancienne ligne de La Teste, aujourd'hui
supprimée pour les voyageurs, et ne servant plus
qu'aux marchandises.

Ce nom de *Toctoucau* a depuis longtemps le
privilége d'exercer la science philologique des
voyageurs, et de subir de leur part les plus burles-
ques transformations. Voici sa véritable étymologie. En patois, *toque toutt chaou* signifie : touche
tout doucement ; et, dans la bouche du bouvier
landais, il veut dire : ne presse pas ton attelage,
conduis-le très-lentement, *touche* bien légèrement
tes bœufs de l'aiguillon. Le quartier où nous sommes était si marécageux autrefois, que bœufs et
charrette, cheval et cavalier, risquaient fort de s'y
engloutir, si les plus grandes précautions n'étaient

prises. Aussi recommandait-on, aux bouviers surtout, une extrême prudence, et avait-on nommé
Toque-toutt-chaou ce dangereux passage. La création de la route départementale a fait disparaitre
le danger, mais le nom est resté au quartier, et la
Compagnie du chemin de fer de La Teste, qui,
pour plus de commodité, avait voulu conserver les
anciennes dénominations, francisa celle-ci ; de là,
le substantif, tant soit peu baroque, de Toctoucau,
qu'elle nous a légué.

En traversant les jeunes semis de pins qui nous
entourent, jetons un regard à droite, et nous dis-
tinguerons, au milieu des arbres, un châtelet gothi-
que dont la construction est due à un de ces hommes de goût et de persévérance qui comptent pour
rien le travail et les obstacles. Cette gentille *villa,*
bâtie en 1834 par M. Pelauque, secrétaire en chef
des hospices de Bordeaux, est aujourd'hui coquet-
tement assise dans une belle propriété conquise,
pas à pas, sur la vaste lande qui l'entourait naguère
et l'avoisine encore. Il y a dans ce domaine, qui
appartient toujours à la famille Pelauque, des arbres superbes d'essences très-variées, et notamment une remarquable collection de chênes de
toutes les espèces.

Des deux côtés, maintenant, voici des landes
dans toute leur sauvage nudité. Sans doute, le
voyageur qui vient de traverser les riches vigno-

bles, les fraîches campagnes des environs de Bordeaux, sera saisi de pitié en voyant cette plaine inculte, ce désert des bruyères et d'ajoncs épineux ; mais qu'il se rassure, ce sol n'est pas aussi ingrat, aussi deshérité qu'il le paraît : le pin, l'acacia, le chêne, le châtaignier, et quantité d'autres essences y croissent d'une manière très-satisfaisante ; le mûrier lui-même, cet *arbre plein de la bénédiction de Dieu,* comme le dit Olivier de Serres, le mûrier réussit fort bien dans les Landes de Gascogne, qui présentent d'ailleurs, sur plusieurs points, des étendues considérables propres à la culture des fourrages et des céréales.

3ᵉ STATION. — PIERROTON.

20 Kilomètres de Bordeaux. — 22 Kilomètres de Lamothe. — 38 Kilomètres d'Arcachon.

La station de Pierroton est située sur le territoire de la commune de Cestas ; elle est destinée à un trafic très-important lorsque les deux routes agricoles de Martignas et de Saucats, qui doivent y aboutir, seront exécutées.

Les locomotives renouvellent ordinairement ici leur provision d'eau. A cet effet, un bassin de vingt-quatre mètres de circonférence et de quatre mètres cinquante centimètres de profondeur a été creusé à grands frais, dans le courant de l'année 1857 ; une machine à vapeur de la force de six chevaux fait mouvoir les pompes, qui alimentent un grand réservoir placé à cinq mètres de hauteur au-dessus du sol, et pouvant contenir 720 hectolitres d'eau.

A gauche, presque en face de la station, est le vaste domaine de M. Chambrelent, ingénieur des ponts-et-chaussées à Bordeaux, à qui M. Edmond About a dédié son remarquable ouvrage de *Maître Pierre*, sur la mise en valeur des Landes.

A droite, sur le bord de la route départementale, nous voyons d'abord l'ancienne maison du Boulanger, puis la propriété du Lapin, quelques fermes toutes nouvelles, et le domaine du Pavillon, appartenant à M. le baron Théodore Decazes. Le fermier du Pavillon a tenu longtemps une petite auberge, où l'on trouvait jadis, lorsqu'on était obligé de suivre la route ordinaire, le meilleur gîte et la plus agréable hospitalité; cette hôtellerie, véritable bonne fortune pour les voyageurs, était alors très-fréquentée, et jouissait d'une haute réputation : dès que le chemin de fer a été ouvert, on l'a orgueilleusement dédaignée; elle a cessé d'exister, et elle est aujourd'hui complètement oubliée.... *Sic transit gloria mundi.*

Derrière le Pavillon, on aperçoit au loin les forêts du beau domaine de Berganton, appartenant à M. le duc de Lorge.

Nous voici en pleine lande. Quelques parcs à

brebis s'élèvent çà et là, aussi misérables que les maigres troupeaux auxquels ils prêtent leur chétif abri ; les forêts qui paraissent des deux côtés, sont des forêts de pins.

Nous passons rapidement devant l'ancienne gare de Verdery, septième station du chemin de fer de La Teste, supprimée pour les voyageurs depuis l'établissement de la ligne de Bayonne, et dont la maison est à gauche, assez pauvre pour ne pas égayer le paysage.

La lande continue toujours, l'été brûlante comme le sol d'Afrique, l'hiver couverte d'immenses nappes d'eau sans issue, et dont le dessèchement n'est opéré que par l'ardeur du soleil. Triste désert, sur lequel, depuis des siècles, tant de vœux appelaient vainement l'action du pouvoir, et dont il était réservé à notre époque, si féconde en prodiges, de voir la régénération s'accomplir.

Car l'heure est enfin venue, où ces vastes plaines vont cesser d'être incultes et stériles.

Les landes appartiennent, en grande partie, aux communes, dont les principaux habitants sont tous propriétaires de troupeaux ; pour ne pas se priver, même temporairement, du parcours qu'ils exercent en liberté, jamais ils n'ont voulu, dans les conseils municipaux, consentir à la mise en culture de la moindre parcelle de terrain. Des dispositions législatives pouvaient seules vaincre cette déplorable obstination. S. M. l'Empereur, dont le génie sait découvrir et mettre en œuvre tout ce qui peut concourir à la prospérité du pays, l'a parfaitement compris; et la loi du 19 juin 1857, en ordonnant que « dans les départements des Landes » et de la Gironde, les terrains communaux ac— » tuellement soumis au parcours du bétail seront » assainis et ensemencés ou plantés en bois, aux » frais des communes qui en sont propriétaires, » a fourni au Gouvernement les moyens d'arriver prochainement à ce but, si ardemment désiré par tous ceux qui comprennent les véritables intérêts de la contrée.

La même loi porte que « des routes agricoles, » destinées à desservir les terrains qui font l'objet » de ses dispositions, seront exécutées aux frais » du trésor public. » Et un décret impérial du 1er août 1857, en même temps qu'il déclare d'utilité publique l'établissement de vingt-deux de ces routes, approuve la convention passée avec la Compagnie des chemins de fer du Midi pour leur exécution, moyennant une somme fixée à forfait à quatre millions de francs. Parmi ces routes, situées dans les départements de la Gironde et des Landes, et partant toutes des différentes stations du chemin de Bayonne et d'Arcachon, sept se trouvent sur la partie de la ligne que nous parcourons; ce sont celles de Pierroton à Martignas, de Pierroton à

Saucats, de Marcheprime à Saumos, de Marcheprime à Hostens, de Facture à Arès, de Facture à
Béliet, et de La Hume à Sanguinet.

D'après le cahier des charges, les routes agricoles auront, entre les arêtes extérieures des accot-
tements, huit mètres de largeur, dont trois à quatre mètres de chaussée en empierrement ou en
pavé de pierres ou de bois ; la largeur de leurs fossés latéraux sera de un mètre cinquante centimètres, sur cinquante centimètres de profondeur.
Elles devront être terminées dans un délai de quatre ans. La Compagnie pourra être autorisée à
établir latéralement à ces routes des chemins à
rails de bois ou de fer ; la largeur de l'accottement
sera alors augmentée de deux mètres cinquante
centimètres, et le chemin aura une seule voie de
un mètre quarante-cinq centimètres.

Ainsi, grâce à la sollicitude de l'Empereur,
une nouvelle ère de prospérité va s'ouvrir pour la
contrée landaise, si longtemps méconnue et oubliée.

Une oasis s'offre cependant à nos regards, dans
le désert que nous traversons. On aperçoit, à droite,
le domaine de Promis, appartenant à M. Castillon,
de Bordeaux. Le manoir est de l'autre côté de la
route départementale, le long de laquelle nous
voyons aussi, un peu plus loin, l'ancienne auberge
et le petit quartier de la *Croix de Heins*, entouré

de belles prairies, de terres labourables, de vieux pins et de chênes séculaires.

Le nom de ce hameau, dépendant de la commune de Cestas, a une étymologie que nous croyons devoir faire connaître. Les Gascons ayant l'habitude de faire souvent permuter les deux lettres F et H, *heins*, dans leur patois, signifie la même chose que *feins*, vieille locution française employée pour traduire le mot latin *fines*, limites. Or, comme ce quartier, dans lequel s'élevait une croix vénérée, formait la ligne de démarcation entre le territoire des fondateurs de Bordeaux, les Bituriges-Vivisques, et le pays des Boyens, il prit le nom de Croix des limites, ou *Croix de Heins*, qu'il a conservé jusqu'à nos jours, en subissant toutefois une légère modification, car on écrit et l'on prononce maintenant : *Croix d'Hins*.

Le quartier de la Croix d'Hins était traversé par une des branches de l'ancienne voie romaine qui reliait Bordeaux au royaume d'Espagne ; cette première branche passait par le bois de Gaginet, les Arrestieux, la Croix de Heins, la paroisse de Lamothe, la ville de Boïos, capitale des Boyens, puis Losa, Segosa, etc., etc., et allait rejoindre à Dax la seconde branche, pour ne plus former qu'une seule route jusqu'à Bayonne et la province des Asturies. On trouve encore quelques vestiges de cette voie sur divers points, et notamment sur la partie de l'ancienne route de La Teste, connue sous la dénomination gasconne de *levade*, c'est-à-dire levée, parce qu'elle proéminait au-dessus de la lande.

4ᵉ STATION. — CHEMIN DE MIOS.

25 Kilomètres de Bordeaux. — 17 Kilomètres de Lamothe. — 33 Kilomètres d'Arcachon.

En entrant dans cette station, l'une des moins importantes de la ligne, nous traversons à niveau un large chemin que la commune de Mios a tracé elle-même, bien qu'il ne fût pas entier sur son territoire, pour aboutir commodément à la route départementale, tout près de la Croix d'Hins. Le bourg de Mios est à une distance de 12 kilomètres; ce n'est pas ici que ses habitants quittent ou prennent le chemin de fer, mais à Facture, où ils ne sont plus qu'à 4 kilomètres de chez eux.

La station du chemin de Mios, que par abréviation on appelle simplement *Mios*, est située à l'extrémité de la commune de Biganos, dont nous allons traverser le territoire jusqu'à Lamothe.

La maison en face de la station appartient à la famille Darrieux ; elle a été bâtie lors de l'ouverture de la ligne de La Teste, époque où furent semés les jeunes pins qui nous entourent, et dont les éclaircissages produisent maintenant des échalas. La forêt que nous traversons ensuite est à peu près du même âge et appartient à M. Guestier, qui y a construit, en 1856, une maison autour de laquelle il fait opérer quelques défrichements.

Nous allons atteindre la station suivante, mais auparavant jetons un coup d'œil à droite, et nous apercevrons, au delà des pins, sur le bord de la route départementale, la petite auberge de *Marcheprime,* relai de la triste patache du courrier de La Teste, avant la création du chemin de fer. Après être parti, soit de Bordeaux, soit de La Teste, à cinq heures du soir, c'est là qu'on s'arrêtait, à minuit, et que l'on attendait pendant deux longues heures le moment de se remettre en route, pour arriver enfin à destination, vers six heures du matin, brisé, moulu, harassé, broyé, rompu, courbaturé autant qu'il est possible de l'être légalement depuis que la torture est abolie.

5ᵉ STATION. — MARCHEPRIME.

29 Kilomètres de Bordeaux. — 13 Kilomètres de Lamothe. — 29 Kilomètres d'Arcachon.

Nous sommes à moitié route. C'était ici que l'on renouvelait toujours, autrefois, la provision d'eau du tender, et que l'on prenait, s'il était nécessaire, de nouveau combustible. C'est à Pierroton et à Lamothe que cela se fait maintenant.

Deux des routes agricoles dont nous avons déjà parlé doivent partir de Marcheprime : l'une ira à

Saumos, canton de Castelnau, l'autre à Hostens, canton de Saint-Symphorien.

A gauche, presque en face de la station, nous voyons des défrichements, des plantations et un grand bâtiment de construction toute récente : c'est une ferme appartenant à M. Émile Pereire, qui a acquis dans ces contrées d'immenses étendues de terrains dont il fait opérer l'assainissement et la mise en culture. Nous trouverons un peu plus loin, à droite, une ferme semblable.

Après avoir traversé des jeunes pins de divers âges, nous laissons à gauche l'ancienne station de Biard, aujourd'hui supprimée pour les voyageurs, et nous retrouvons des landes, dont l'étendue diminue cependant peu à peu chaque année.

La seule distraction qui se présente quelquefois aux yeux de l'étranger, est la vue de pâtres, couverts d'une peau de mouton, coiffés d'un berret de laine, huchés sur de hautes échasses, et armés d'un long bâton qui leur sert d'appui et même de siége lorsque, pour se reposer, ils en font la troisième branche du trépied dont les échasses constituent les deux autres éléments.

Les échasses, en patois, se nomment *tchanques*. Elles sont attachées à la jambe par une courroie placée immédiatement au-dessous du genou; le pied repose sur une petite crédence nommée *about* ; il y est maintenu par une bride en cuir appelée *arroumère*, dans le genre de celles que l'on met aux sabots. Ce pittoresque piédestal est indispensable aux bergers pour surveiller leurs troupeaux, qui se perdent dans les bruyères, et pour traverser des bas-fonds couverts très-souvent de près d'un mètre d'eau.

Avec une bonne paire d'échasses, un homme habitué à ce moyen de locomotion parcourt facilement jusqu'à dix kilomètres par heure. L'administration des postes a utilisé cette coutume du pays, et, dans le département des Landes, le service rural est fait, presque partout, par des hommes à échasses, que l'on appelle des *tchanquats*. Quand les eaux sont très-hautes, que les rivières ont débordé, un *tchanquat* passe sans difficulté aucune dans des endroits où un cavalier courrait le risque de se noyer ; aussi, n'est-ce pas sans un certain orgueil que le Landais monte sur ses échasses, action pour la désignation de laquelle il a créé, dans son idiome, un verbe tout exprès : *se tchanqua*, monter sur ses échasses ; à l'impératif : *tchanque-té*, monte sur tes échasses. Le patois landais emploie généralement peu de mots pour rendre une idée ; il est expressif, riche en locutions diverses, et souvent très-harmonieux.

Nous traversons alternativement des landes et des jeunes pins ; puis nous passons devant Les Argentières, onzième station de la ligne de La Teste, supprimée pour les voyageurs, mais conservée pour les marchandises. Le véritable nom est *Argenteyres;* c'est un quartier de la commune de Biganos, composé d'une douzaine de maisons, et qui possédait autrefois une chapelle dédiée à Ste-Catherine.

Il y a, à Argenteyres, une mauvaise hôtellerie, où l'on s'arrêtait quelquefois avant la création du chemin de fer, mais dans laquelle on ne trouvait jamais rien à manger ; aussi les voyageurs du pays avaient-ils soin d'apporter des provisions, afin de ne pas subir un jeûne forcé. Il est impossible de se figurer quelles étaient l'insouciance et l'incurie des propriétaires de cette méchante auberge.

6e STATION. — CANAULEY.

35 Kilomètres de Bordeaux. — 7 Kilomètres de Lamothe. — 23 Kilomètres d'Arcachon.

La station de Canauley, située dans la commune de Biganos, est peu fréquentée par les voyageurs. Elle sert davantage pour les transports de marchandises ; les forêts voisines fournissent beaucoup d'échalas que l'on dirige sur Bordeaux.

Nous laissons à droite les petits hameaux de Couaillaygue et de Ninèche, et nous traversons un bois de pins qui produit de la résine, puis des semis qui viennent d'être éclaircis et qui vont commencer aussi à être exploités.

Les matières résineuses que l'on extrait du pin sont une des principales richesses de la contrée; le voyageur nous saura gré, sans doute, de lui expliquer en quelques lignes les procédés employés pour obtenir cette précieuse récolte.

On commence ordinairement par entailler le pin que l'on veut conserver, et que l'on désigne sous le nom de *pin de place*, lorsqu'il a une circonférence d'au moins un mètre, mesuré à un mètre cinquante centimètres du sol. C'est vers la fin de janvier ou les premiers jours de février, que le résinier débute, dans son exploitation, par enlever l'écorce sur toute la surface destinée à recevoir les incisions de l'année, en ayant bien soin de ne pas encore découvrir le bois; cette opération préliminaire, appelée en patois *pela*, peler, se fait avec un râcloir en fer pourvu d'un manche en bois, et nommé *sarcle à pela*. Dès que les froids sont passés, et ordinairement vers le 15 mars, la première entaille est pratiquée au bas de l'arbre, au moyen du *haptchott*, espèce de petite hache recourbée d'une manière spéciale et très-affilée; on appelle ce travail *piqua*, couper, et chaque entaille est désignée sous le nom de *pique*, coupe. Toutes les semaines, le résinier fait une nouvelle pique, immédiatement au-dessus de la précédente; et ces diverses incisions forment la plaie, nommée *care*, qui présente environ dix centimètres de largeur sur neuf à dix millimètres de profondeur, s'élève graduellement pendant la première année jusqu'à cinquante ou soixante centimètres de hauteur, selon la vigueur du sujet, et atteint, les années suivantes, jusqu'à environ quatre mètres; arrivée à cette hauteur, on l'abandonne pour en pratiquer, de l'autre côté de l'arbre, une seconde. que l'on quitte à son tour lorsqu'elle est assez élevée, et ainsi de suite jusqu'à ce que l'on ait parcouru toute la circonférence du tronc.

Lorsque le résinier ne peut plus atteindre, depuis le sol, la care, devenue trop élevée, il se sert d'une espèce d'échelle, ou plutôt d'échasse, appelée *pitey* ou *tchanque,* au moyen de laquelle il grimpe le long de l'arbre d'une manière très-adroite et très-pittoresque; il élève ainsi la care aussi haut que cela doit être.

Dès que la chaleur arrive, la résine suinte par cette blessure, que le résinier ravive et grandit, nous venons de le dire, toutes les semaines; c'est ce que l'on nomme la *résine molle* ou *gemme;* elle coule dans un petit récipient placé au pied de l'arbre et désigné sous le nom de *croll,* que l'on a grand soin de vider toutes les fois que c'est utile; on se sert pour cela d'une spatule en fer, à manche de bois, appelée *palott,* petite pelle. Lorsque les chaleurs ont cessé, la résine se fige sur la care, et y forme une croûte blanche d'une certaine épaisseur, que l'on fait tomber, soit avec la main, soit avec le râcloir à écorcer ; c'est ce que l'on appelle le *galipot* ou le *barras,* selon qu'il est plus ou moins propre.

La résine molle ou gemme, et le barras ou galipot, sont donc les seuls produits naturels de l'arbre pin ; l'épuration au soleil ou la distillation les convertissent ensuite en pâte de térébenthine, essence de térébenthine, résine jaune, brai sec, colophane, etc., etc.

Nous traversons la station de Cameleyre, conservée pour les marchandises, mais supprimée pour les voyageurs ; c'était la treizième gare du chemin de fer de La Teste.

Les landes finissent tout à fait, et les *pinadas* (forêts de pins) nous entourent ; les champs vont arriver aussi, en petite quantité d'abord, mais ensuite plus nombreux et mieux cultivés, à mesure que nous avancerons vers le bassin d'Arcachon.

7ᵉ STATION. — FACTURE.

39 Kilomètres de Bordeaux. — 3 Kilomètres de Lamothe. — 19 Kilomètres d'Arcachon.

La station de Facture est placée dans un des quartiers de la commune de Biganos, dont l'église et le bourg se laissent entrevoir, sur la droite, au moment où l'on arrive. C'est une des stations les plus importantes de la ligne ; elle reçoit les voyageurs des communes de Salles, Mios, Audenge et *Certes*, Lanton, Andernos, Arès, Lège, etc.

A gauche, derrière la forêt, et sur la route agricole, en cours d'exécution, qui conduit à Mios, Salles et Béliet, est situé, au lieu appelé *Ponneau*, un haut-fourneau destiné à fondre les minerais de fer, que l'on extrait dans les environs. Cette usine a été créée en 1837, par MM. Dumora père et G. Gignoux; elle a été vendue, en 1857, à M. Maldant, mécanicien, directeur des Ateliers Bordelais, et est exploitée par MM. Holagray et Alary, négociants à Bordeaux. On y coule principalement des plaques de cheminée, des poteries, des tuyaux, etc. Les candélabres des réverbères d'Arcachon proviennent de Ponneau.

A droite, sur le bord du chemin qui conduit à Arès, en passant par les bourgs de Biganos, Audenge, etc., et qui fait maintenant partie de la route agricole de Facture à Arès, nous voyons de magnifiques chênes. C'était sous leur frais ombrage que le Comice agricole des Landes de la Gironde venait autrefois tenir sa séance publique annuelle, et distribuer à de nombreux concurrents les modestes récompenses qu'avaient su mériter leurs travaux intelligents, leurs fidèles et laborieux services. Fondée le 22 novembre 1840, cette utile association, qui aidait puissamment aux progrès de l'agriculture dans l'étendue de sa circonscription, formée des cantons de La Teste, Belin, Audenge, et d'une partie de celui de Castelnau, n'existe plus depuis la fin de l'année 1850. A cette époque, l'administration supérieure fut obligée d'ordonner sa dissolution, à la suite d'un violent discours politique, prononcé, lors de la distribution des prix, par M. Pascal Duprat, représentant du peuple.

Ce long bâtiment, situé sur le bord de la route départementale, sert de caserne à la brigade de gendarmerie du canton d'Audenge.

Dès que le train se remet en marche, on distingue, un peu plus loin que la caserne, un groupe de bâtiments et une cheminée d'usine ; c'est la verrerie de M. Olivié, maire de Biganos.

Après avoir traversé des bois, des prairies et des terres arables assez bien cultivées, nous franchissons le ruisseau de *Leygat* sur un pont à deux voies, en maçonnerie, bois et tôle, de trente mètres de longueur, et dont la construction a été achevée dans les premiers jours de 1858. Le pont sur lequel passe la route départementale est à peu de distance, sur la droite.

De l'autre côté de la route, nous apercevons, parmi les arbres, le faîte d'un pavillon bâti, il y a une quinzaine d'années, sur le lieu même où existait autrefois la *Tour du Castera.* Cette tour, remarquable par sa solidité, avait été autrefois édifiée sur les ruines de fortifications très-anciennes,

détruites par les Normands dans une de leurs fréquentes invasions du pays bordelais ; elle fut dé-
molie vers la fin du dix-huitième siècle, par M. le
marquis de Civrac, qui en fit transporter les matériaux à Certes, et les employa à la construction
de son château.

Nous traversons encore quelques prairies ; puis
nous entrons dans les marais de Lamothe, que leur
entière submersion pendant l'hiver peuple d'une
grande quantité d'oiseaux aquatiques, et principalement de canards sauvages, dont on fait, chaque
année, une abondante chasse. Les habitants du
pays achètent, il est vrai, ce plaisir un peu cher,
car les exhalaisons insalubres qu'ils respirent pendant tout l'été déterminent chez eux de nombreuses fièvres paludéennes. Le dessèchement de ces
marais serait donc, à la fois, un service à rendre
à la santé publique, si gravement compromise, et
à l'agriculture, qui profiterait d'une étendue considérable d'excellents terrains. Les chasseurs trouve-
raient dans le bassin d'Arcachon les canards que
Lamothe n'offrirait plus à leur ardeur cynégétique.

8ᵉ STATION. — LAMOTHE.

42 Kilomètres de Bordeaux. — 156 Kilomètres de Bayonne. — 16 Kilomètres
d'Arcachon.

En arrivant à cette gare, on traverse la rivière
la Leyre sur un nouveau pont de soixante-dix

mètres de longueur, à deux arches en maçonnerie, et dont le tablier, en bois et tôle, supporte une double ligne de rails.

A quelques centaines de mètres, sur la droite, on aperçoit le pont de la route départementale, emporté, comme celui du chemin de fer, par l'inondation de janvier 1842, et qu'on n'acheva de reconstruire que vers la fin de l'année 1843.

Après avoir doublement pris sa source, d'un côté, près de Luglon, entre Sabres et Arjuzanx, dans le département des Landes, et de l'autre, au cap de La Grave, entre Luxey (Landes) et Captieux (Gironde), la Leyre, appelée *Sigmanus fluvius* par les Romains, sans doute à cause des sinuosités qu'elle décrit, baigne le territoire des communes de Sabres, Commensacq, Trensacq, Pissos, Moustey, Luxey, Sore, Argelouze et Saugnac, dans les Landes, et celles de Belin, Béliet, Lugos, Salles, Mios, Biganos et Le Teich, dans la Gironde. Au-dessous de ces deux dernières communes, elle se divise en trois bras, forme plusieurs îlots, et se jette enfin dans le bassin d'Arcachon, à cinq kilomètres du point où nous la traversons. La marée ne remonte que jusqu'à environ dix kilomètres, indice certain de l'élévation rapide du fond.

La Leyre, qui par elle-même ou par ses affluents, au nombre de vingt-huit, sert de force motrice à une grande quantité d'usines, n'est guère navigable

qu'à partir de Mios ; mais elle peut servir au flot-
tage depuis la limite du département des Landes,
sur un parcours de près de trente-cinq kilomètres,
et l'on s'occupe, depuis l'année 1844, d'en opérer
la canalisation. Il y a lieu d'espérer que les travaux
déjà faits seront complétés dans peu de temps ; le
Conseil général de la Gironde a plusieurs fois re-
nouvelé ses vœux à cet égard, et l'administration
supérieure est saisie de projets dont l'adoption prochaine est à peu près assurée.

Nous laissons, sur la rive droite, le territoire de
Biganos et du canton d'Audenge pour entrer, en
atteignant la rive gauche, sur le territoire de la
commune du Teich, dépendant du canton de La
Teste.

A la tête même du pont, le train rase l'ancienne
maison de la station du chemin de fer de La Teste,
aussi modeste que toutes celles que nous avons
déjà vues depuis Bordeaux.

La gare de Lamothe est actuellement une des
plus considérables de la ligne, par les constructions
diverses qu'a nécessitées la position qu'elle occupe
à la bifurcation des deux voies de Bayonne et d'Arcachon. Le bâtiment principal, dans lequel sont les
bureaux, les salles d'attente, le poste télégraphique, etc., est d'une forme élégante et gracieuse ;
toutes les stations suivantes de la ligne de Bayonne
sont dans le même genre. Les six petits chalets

rangés derrière ce bâtiment servent à loger le personnel, assez nombreux, employé dans cette gare.

Lamothe était autrefois une paroisse, peu considérable il est vrai par sa population, mais très-fréquentée de tous les habitants des environs. La fête patronale, que l'on célébrait le 24 juin, attirait une foule immense. L'ancienne église Saint-Jean de Lamothe était située sur un monticule qui s'étendait depuis la route départementale jusqu'aux bâtiments actuels de la gare ; le cimetière l'entourait, et on a trouvé, en 1857, lorsqu'on a élargi les terrassements, des tombeaux, des ossements, des débris de murs, etc. Précédemment, lors de la construction de la route départementale et du chemin de fer de La Teste, on avait découvert, dans ce quartier, des urnes romaines et des médailles de divers siècles.

La fontaine Saint-Jean, que l'on distingue, à gauche, sous un petit dôme en maçonnerie entretenu avec soin, était autrefois, dans le pays, l'objet d'une vénération, qui ne s'est pas encore effacée ; on attribue à l'eau fraîche et limpide qu'elle fournit la précieuse vertu de guérir les maux d'yeux.

Avant l'ouverture de la route départementale, le passage de Lamothe était excessivement dangereux pour les voyageurs, qui se trouvaient souvent obligés de faire un détour de plusieurs lieues pour franchir la Leyre, toujours débordée en hiver.

C'est, sans aucun doute, à ces débordements conti-nuels que sont dus l'abandon du village par les ha-bitants et sa conversion en un marais fangeux.

C'est ici, nous l'avons déjà dit, que se séparent les deux lignes de Bayonne et d'Arcachon, qui usaient, jusqu'à ce moment, des mêmes rails. La première, celle de Bayonne, prend la gauche ; elle va passer auprès du grand chalet que nous aper-cevons de ce côté et qui sert à remiser les locomo-tives et les wagons. La seconde, celle d'Arcachon, que nous allons suivre, fait une courbe à droite et se dirige vers le bourg du Teich.

Après avoir parcouru quelques centaines de mè-tres, on voit, sur la gauche, la forêt Nézer, au milieu de laquelle s'élèvent les bâtiments de la scierie à vapeur qui a servi, jusqu'en 1836, à l'ex-ploitation de cette forêt, aujourd'hui repeuplée d'ar-bres jeunes et vigoureux. Le propriétaire, M. de Irigoyen, vient d'y établir une verrerie.

Nous atteignons les premières maisons du Teich ; le paysage devient plus gai, et nous commençons à sentir l'air frais du bassin d'Arcachon, bien que nous ne l'apercevions pas encore.

9e STATION. — LE TEICH.

45 Kilomètres de Bordeaux. — 3 Kilomètres de Lamothe. — 13 Kilomètres d'Arcachon.

Le Teich est une des quatre communes du can-ton de La Teste. Son église, d'un extérieur plus

que modeste, mais dont le clocher va être prochainement reconstruit, nous apparaît, à droite, au
milieu du bourg, qui est traversé par la route départementale, et renferme d'assez jolies constructions. Les terres sont toutes très-bien cultivées,
et le soin que l'on a eu de laisser, parmi les champs,
des bouquets de chênes ou de pins, donne à la
campagne qui environne les maisons du Teich un
aspect riant et varié.

Un peu plus loin que le bourg, et toujours à
droite, nous apercevons, entouré d'arbres séculaires, le manoir des derniers captaux de Buch, le
château de Ruat, appartenant à l'un des premiers
maîtres de forges de France, M. Adrien Festugière,
beau-père de M. le général Espinasse, sénateur,
aide-de-camp de l'Empereur. Ce château est
situé dans une position charmante, entre la route
départementale et le bassin d'Arcachon ; ses alentours sont très-agréables : de l'eau, des bois, des
prés, l'air pur de la mer, de frais ombrages, tout
concourt à en faire une des plus délicieuses rési-
dences d'été.

A peu de distance de la station, nous traversons
le passage à niveau de la route départementale, qui
sera désormais à notre gauche jusqu'après la gare
de La Teste.

Nous laissons également à gauche le quartier de
Camps, l'un des plus populeux de la commune, et

nous passons devant Cantarranne, dix-septième station du chemin de La Teste, entièrement supprimée même pour les marchandises. *Cante arranne*, dans le patois du pays, signifie mot à mot : *chante grenouille*. Comme cet endroit était autrefois très-marécageux, et par conséquent peuplé d'une grande quantité de grenouilles coassant à qui mieux mieux, les habitants n'avaient trouvé rien de plus convenable que d'appeler le lieu même des ébats du peuple amphibie : *Cante-arranne*; les grenouilles et les marais ont disparu, mais le nom est resté... Les deux mots patois dérivent d'ailleurs du latin *cantare*, chanter, et *rana*, grenouille ; ce qui est assez commun dans l'idiome landais.

Nous apercevons enfin le bassin d'Arcachon ; il se montre à nos regards, sur la droite, au moment où nous dépassons les arbres qui bordent la route. Ce n'est encore qu'un ruban argenté, miroitant au soleil sous les coteaux vert sombre qui paraissent à l'horizon ; mais bientôt cette ligne s'étendra dans tous les sens, et nous aurons de la peine à en mesurer de l'œil les vastes contours.

10ᵉ STATION. — MESTRAS.

48 Kilomètres de Bordeaux. — 6 Kilomètres de Lamothe. — 10 Kilomètres d'Arcachon.

Situé à sept kilomètres de La Teste, le village de Mestras, que nous laissons à gauche, est le quartier le plus populeux de la commune de Gujan.

Ce vaste bâtiment, qui s'élève tout auprès de la ligne, à droite en arrivant à la station, a été construit, en 1843, par une société qui s'était formée pour la pêche dans le bassin d'Arcachon, et qui n'a duré que quelques années. Il est aujourd'hui converti en un hôtel pour les baigneurs.

Au-delà, sur les bords du Bassin, est une passerelle qui conduit à des loges pour les bains de mer et à un petit établissement où l'on donne des bains chauds. Cette innovation, qui est aussi l'œuvre d'une société, et date de 1852, attire à Mestras, pendant la belle saison, un certain nombre d'étrangers.

La pêche maritime est la principale industrie de la commune de Gujan, et notamment du quartier de Mestras, où l'on embarque, chaque jour, sur les wagons du chemin de fer, des quantités considérables de poisson.

En quittant la station, nous découvrons devant nous la pointe de l'Aiguillon, qui fait partie de la commune d'Arcachon et s'avance dans le Bassin ; au-dessus des arbres, on voit poindre le sommet du clocher de la chapelle Saint-Ferdinand.

Dans un but d'économie bien naturel, la compagnie de La Teste, en construisant le chemin de fer, a cherché à s'éloigner le plus possible des habitations, et, depuis Cantarranne, la voie longe la plage. Quand la mer est haute, le Bassin présente

un spectacle magnifique, surtout si les bateaux-
pêcheurs reviennent en foule, toutes voiles dehors ;
mais, lorsque la mer est basse, les *prés salés* découverts, s'étendant à perte de vue, causent au voyageur une impression désagréable ; il ne peut pas
se figurer que, dans quelques heures, toute cette
vaste plaine sera convertie en un immense lac, sil-
lonné par une multitude de barques.

11ᵉ STATION. — GUJAN.

19 Kilomètres de Bordeaux. — 7 Kilomètres de Lamothe. — 9 Kilomètres
d'Arcachon.

En arrivant à la station, le train passe près de
l'église, qu'il laisse à gauche comme toutes les maisons de la commune, échelonnées des deux côtés
de la route départementale.

A droite, nous voyons d'abord une usine où l'on
fabrique, avec des matières résineuses, des peintures solides, à bon marché ; ensuite, un long bâtiment dans lequel sont un restaurant, un café et
des chambres à louer aux baigneurs pendant la
belle saison.

Vis-à-vis la station, sur les prés salés que l'eau
couvre à chaque marée, nous apercevons la passerelle et les petites loges construites, en 1844, par
M. Daney, officier de santé, pour faciliter l'abord
d'une partie sablonneuse de la plage, et offrir un
moyen commode de prendre les bains de mer, aux

étrangers qui se réunissent à Gujan pendant l'été. Un établissement de bains chauds est également situé à l'extrémité de la passerelle. Double création qui contribue puissamment à la prospérité de la commune.

Aussitôt que le train s'est remis en marche, on passe devant le quartier de La Ruade, qui ne fait en quelque sorte qu'un avec celui du Bourg.

Nous retrouvons ensuite des vignes, comme nous en avons déjà vu beaucoup depuis Cantarranne ; des vignes basses et chétives, qui excitent généralement la pitié du voyageur. Il ne faut cependant pas les juger sur l'apparence, car elles donnent des produits abondants : on y récolte jusqu'à trente barriques par hectare. C'est presque tout du vin rouge, qui ressemble beaucoup plus aux vins de Bourgogne qu'à ceux de Bordeaux, et ne serait pas à dédaigner s'il était convenablement fait ; mais on ne peut pas se figurer de quelle manière on vendange à Mestras, à Gujan et même à La Teste, et combien le vin est ensuite peu soigné. Aucun de nos meilleurs crûs des Graves ou du Médoc ne résisterait à un pareil traitement. Certains propriétaires apportent quelques soins de plus à leur récolte, et ils obtiennent des vins qui sont réellement bons.

Nous avons atteint le village de Meyran, situé à gauche de la voie, comme tous les autres quartiers de la commune. Nous laissons à droite l'ancienne station de ce nom, vingtième gare de la Compagnie de La Teste, aujourd'hui supprimée aussi bien pour les marchandises que pour les voyageurs, et nous arrivons, par une courbe assez sensible, à la station de La Hume, en traversant les champs de Verdalles, où fut célébrée, en 1841, la première fête du Comice agricole des landes de la Gironde, dont nous avons déjà entretenu le lecteur en passant à Facture.

12ᵉ STATION. — LA HUME.

52 Kilomètres de Bordeaux. — 10 Kilomètres de Lamothe. — 6 Kilomètres d'Arcachon.

Avant d'entrer dans cette station, on voit, à gauche, le point de départ de la dernière des sept routes agricoles qui se trouvent sur le parcours du chemin de fer de Bordeaux à Arcachon : la route de La Hume à Sanguinet, département des Landes.

La station de La Hume, qui ne figurait pas dans les premiers projets de la Compagnie de La Teste, date seulement de 1844. Elle a une certaine importance pour les transports de marchandises, parce qu'elle met en communication directe avec la voie ferrée le *canal d'Arcachon,* que nous commençons à distinguer sur la gauche, et au bord duquel les wagons descendent à l'aide d'une rampe qui traverse à niveau la route départementale. Ce petit embranchement dessert aussi l'entrepôt des rizières de la plaine de Cazeaux, situé tout près des magasins du canal.

A droite, derrière le chalet où s'arrête le train, est un atelier pour la fabrication des résines, construit en 1839 par la *Compagnie agricole et industrielle d'Arcachon*, et dirigé pendant quelques années par M. Auguste Chevalier, aujourd'hui député au Corps législatif, frère du savant professeur d'économie politique. On fabriquait alors, dans cette usine, des térébenthines épurées, des savons et des colophanes. Elle appartient maintenant à M. Frioud, fermier de l'exploitation des forêts de l'État dans les dunes, qui emploie un nouveau procédé de distillation, dû à M. Violette père, de Paris ; dans ce procédé, on se sert de la vapeur d'eau, qui pénètre dans la chaudière, liquéfie les matières résineuses, s'unit à l'essence et l'entraîne avec elle dans un état parfait de pureté.

En quittant la station de La Hume, on passe devant le canal d'Arcachon, dont on aperçoit, dans le lointain, deux écluses. A cet endroit, la route départementale touche la chaussée, de 3 mètres 50 centimètres de hauteur, sur laquelle est établi le chemin de fer.

Le ruisseau que l'on traverse ensuite forme la limite des communes de Gujan et de La Teste. Le bureau d'octroi de cette dernière commune est sur le bord de la route.

Une longue et vaste maison paraît à droite ; elle a été bâtie, en 1835 et 1836, par la *Compagnie des Landes,* propriétaire du canal d'Arcachon, pour servir à loger le trop nombreux personnel dont se composait alors l'administration de cette société ; avant que la maison fût terminée, le nombre des employés avait déjà grandement diminué, et il n'y a jamais eu d'habitée qu'une faible partie des quatre-vingts pièces qu'elle renferme. C'est dans cette maison que S. A. R. le duc d'Orléans fut reçu, en août 1839, par les trois compagnies des Landes, d'Arcachon et du chemin de fer de La Teste.

Après avoir franchi un petit bois de pins, nous entrons dans les champs qui avoisinent La Teste, et dont la culture est remarquable. Pour fumer ces terres, on se sert de fumier d'étable, mélangé à la superficie du sol des prés salés, que l'on enlève pendant les basses mers des syzygies, et qui porte, dans le pays, le nom de *coup.* Avec cet engrais, on obtient toujours trois récoltes dans deux ans : la première année, du froment ; la seconde année, du farouch ou trèfle incarnat, et du maïs ; la troisième année, encore du froment ; la quatrième, du farouch, puis du maïs ; et ainsi de suite pendant une longue série d'années. Beaucoup de terrains, meilleurs que ceux-ci, ne seraient pas en état de supporter un pareil assolement. Les terres que les propriétaires ne cultivent pas eux-mêmes sont affermées à des colons partiaires, qui fournissent l'engrais, font les labours, tous les autres travaux, y compris la moisson, et donnent au propriétaire le tiers net de la récolte, déduction faite de la semence.

Nous laissons à droite les hameaux du grand et du petit Bordes, puis les moulins du Pujau, et nous entrons dans la gare de La Teste.

13e STATION. — LA TESTE.

55 Kilomètres de Bordeaux. — 13 Kilomètres de Lamothe. — 3 Kilomètres d'Arcachon.

Le prolongement du chemin de fer jusqu'à Arcachon a détruit toute l'économie de la station de La Teste, qui était auparavant distribuée d'une manière assez commode. On s'occupe actuellement de la remettre dans un état plus convenable, plus en rapport avec l'importance de la localité, soit pour les voyageurs, soit pour les marchandises.

Le chalet et la maisonnette situés à l'entrée de la station, servent à loger les aiguilleurs; le bâtiment octogone que nous voyons ensuite, est une remise pour les locomotives et les voitures; les deux longues constructions qui viennent après renferment les bureaux, les salles d'attente, le poste télégraphique, le logement du chef de station, etc.

Les magasins en bois qui bordent la ligne, sont affectés aux marchandises; ils contiennent également, à leur extrémité ouest, un petit logement.

S'il descend ici, le voyageur se trouve, au sortir de la gare, sur une place circulaire d'où partent trois allées d'ormeaux plantés par la Compagnie du chemin de fer, en 1841 : celle de gauche et celle du milieu conduisent dans l'intérieur de la ville ; la troisième aboutit, en traversant la nouvelle voie de fer, au chenal creusé, en 1840, par la commune de La Teste, pour faciliter l'approche des barques servant à la pêche ou au transport des voyageurs sur le bassin d'Arcachon. Ce chenal a été élargi et approfondi, en 1852, par l'État, avec le concours de la commune, et des estacades en bois ont été construites à son extrémité nord pour le chargement et le déchargement des navires caboteurs appartenant au commerce du pays.

Cependant le train s'est remis en marche ; il traverse à niveau la route départementale, qui reprend maintenant la droite pour ne plus la quitter, et, laissant à gauche toute la ville de La Teste, il s'élance dans les nouvelles cultures conquises, depuis quelques années, sur la partie des prés salés séparée du Bassin par la chaussée de la route, et mise ainsi à l'abri des atteintes de l'eau salée. Quelques maisons, nouvellement bâties, s'élèvent dans ces terrains, qui ont été morcelés, et appartiennent aujourd'hui à divers propriétaires de la localité.

A droite, dans les prés salés non endigués, situés de l'autre côté de la chaussée, nous apercevons un petit établissement de bains chauds et une passerelle avec des loges pour les bains froids ; une société composée de quelques personnes amies du progrès, a élevé ces constructions, en 1847, pour faciliter aux habitants de La Teste et aux étrangers qui viennent, en assez grand nombre, s'y loger pendant l'été, les moyens de se baigner commodément, soit à l'eau de mer chaude, dans de petits cabinets très-proprement tenus, soit à l'eau froide, vers l'extrémité de la passerelle, sur une plage sablonneuse et parfaitement abritée.

Lorsque la mer est basse, le voyageur peut voir, sur les prés salés découverts, une grande quantité de chevaux landais ; ce sont les destriers que montent les baigneurs dans leurs promenades, les haquenées sur lesquelles chevauchent les baigneuses. Ces animaux, ordinairement grêles, maigres, petits, si faibles en apparence, ont une ardeur étonnante ; menés comme il faut, ils marchent pendant des journées entières sans paraître fatigués. Le cheval landais peut être comparé, pour la vigueur et la célérité, au cheval arabe ; s'il était l'objet de quelques soins intelligents, il acquerrait les formes élégantes qui lui manquent généralement aujourd'hui, et deviendrait une race précieuse sous tous les rapports.

Le port d'échouage de La Teste, appelé *port du Caillou,* est à droite, à l'extrémité des prés salés ; la pointe de l'Aiguillon est un peu plus loin ; c'est là que commencent les maisons de bains de la plage d'Arcachon.

A gauche, est la maison forestière du Juge, habitée par le brigadier des gardes de l'État, et située au bas des dunes, qui auraient depuis longtemps englouti La Teste, Gujan, etc., si Brémontier ne les eût couvertes de semis de pins, devenus aujourd'hui de superbes forêts.

Un petit pont en pierres nous fait franchir le ruisseau appelé *Craste-Douce,* que l'on était autrefois obligé de passer à gué pour aller de La Teste à Arcachon. Pendant la haute mer, le passage du *Hourquet* cessait d'être guéable, et il fallait alors faire le contour de la forêt, ce qui rendait le trajet beaucoup plus long. Ce ruisseau se jette dans le Bassin, en traversant la chaussée de la route départementale, dont les deux portes s'entrouvrent naturellement à mer basse, et se referment lorsque la marée monte, afin d'empêcher l'eau salée d'inonder les terrains cultivés.

La route départementale s'éloigne ici du chemin de fer ; elle décrit une courbe à droite pour rejoindre le quartier de Mouëng (prononcez *Mougne*, en passant devant celui de l'Aiguillon. Nous la retrouverons tout à l'heure en sortant de la gare, à laquelle nous arrivons rapidement.

A peine entrés dans les pins de la forêt d'Arcachon, nous traversons une dune de sable, dont les talus s'élèvent presque à pic de chaque côté du train. Vient ensuite une petite vallée suivie d'une seconde dune, à l'extrémité de laquelle nous apercevons enfin le but de notre voyage.

14ᵉ ET DERNIÈRE STATION. — ARCACHON.

16 Kilomètres de Lamothe. — 58 Kilomètres de Bordeaux.

Le contrôle nous arrête un instant entre deux murs de sable, puis nous entrons dans la gare. Hâtons-nous de descendre du wagon dès que la portière est ouverte ; ne nous arrêtons pas à examiner les bâtiments de la gare ; ils sont du provisoire le plus primitif. Élançons-nous dans une des nombreuses voitures qui stationnent à la porte, et qui, moyennant vingt-cinq centimes, va nous transporter au domicile que nous indiquerons.

III.

PRÉCIS HISTORIQUE SUR LA TESTE-DE-BUCH ET ARCACHON.

Arcachon n'est érigé en commune que depuis le mois de mai 1857. Avant cette époque, encore toute récente, il faisait partie du territoire de La Teste, suivait la même fortune, vivait de la même vie ; il a pris naissance, a grandi et s'est développé dans le sein fécond de cette mère, qui doit aujourd'hui être fière d'un tel fils.

C'est conséquemment dans l'histoire de La Teste que nous devons rechercher l'histoire d'Arcachon : les deux villes actuelles n'en formaient naguère qu'une seule. Nous allons reproduire succinctement tout ce que nous avons pu recueillir de positif sur son ancienne origine et les diverses phases de son existence jusqu'à nos jours.

La contrée de Buch, beaucoup plus vaste que le captalat de Buch, avec lequel il ne faut pas la confondre, faisait partie de la Novempopulanie ; elle était bornée à l'ouest par l'Océan, au midi par le pays de Born, à l'est et au nord par le territoire des Bituriges-Vivisques, qui s'étendait depuis la pointe de Graves jusqu'au delà de Bordeaux, et dont la croix de Heins (corruption de *Feins*, du latin *fines*) était, ainsi que son nom l'indique, une des limites.

La capitale du pays de Buch, nommée *Boïos*, était située sur le bord de l'Océan, à peu de distance du territoire actuel de la ville de La Teste. Ce riche pays était habité par les *Boyens*, peuple puissant et laborieux, célèbre dans nos fastes guerriers, et l'un des plus belliqueux de la Gaule aquitanique. Ce fut en effet de cette contrée que, sous le règne de Tarquin l'Ancien, environ 600 ans avant Jésus-Christ, sortit cette nuée de Boyens qui, réunis à d'autres nations gauloises, passèrent en Italie et en Germanie, sous la conduite de Bellovèze et de Sigovèze, neveux d'Ambigat, roi de la Gaule celtique, et s'établirent, à diverses époques, dans la Bohême, la Bavière, la Lombardie, la Calabre et jusque dans l'Asie Mineure.

Cinq siècles plus tard, lors de la conquête des Gaules, Jules-César, après avoir défait les Boyens, en expatria la majeure partie ; mais il leur permit, à la prière des Éduens (peuple d'Autun), ses alliés, de s'établir dans le Bourbonnais, entre la Loire et l'Allier.

Le pays de Buch passa alors sous la domination romaine, et l'Itinéraire d'Antonin, qui date du IIe siècle de l'ère chrétienne, fait mention de la cité de Boïos, dont l'importance devait certainement être considérable, puisqu'à cette époque elle était reliée au royaume d'Espagne par une grande route qui, partant de la province des Asturies, passait par Bayonne *(Lapurdum)*, arrivait à Dax *(Aquæ Tarbellicæ)*, et se divisait là en deux branches, qui allaient l'une directement à Bordeaux, et l'autre à Boïos, où elle faisait un tour d'équerre pour aboutir aussi à Bordeaux par Lamothe, le bois de Heins, les Arrestieux, Gaginet, etc., et mettre ainsi la capitale des Boyens en communication avec celle des Bituriges-Vivisques. Ce qui, d'ailleurs, prouve surabondamment que cette contrée fut habitée du temps des Romains, c'est que plusieurs fois on y a trouvé : d'abord, des figurines, des statuettes et des médailles romaines, notamment un médaillon en bronze, à l'effigie de l'empereur Vespasien (Ier siècle de l'ère chrétienne), présentant au revers une figure de femme en pleurs, assise au pied d'un palmier, avec l'exergue : *Judæa capta;* et, en second lieu, des restes de pavés, des mosaïques, des débris de poteries, et des briques de fabrication romaine, longues et épaisses, qui, ayant un rebord de chaque côté, paraissaient avoir servi à la conduite des eaux.

Guidés par l'instinct de la conservation et par cette Providence tutélaire qui nous indique presque toujours un remède à nos maux, les Boyens avaient su fixer, par des semis, ces immenses dunes de sable, dont les masses envahissantes s'avançaient chaque jour vers leur cité et menaçaient de l'engloutir. De vastes forêts de pins maritimes existaient dans la contrée de Buch, et les habitants en retiraient des matières résineuses dont ils faisaient le commerce, ce qui leur valut l'épithète de *piceos* (de poix, de résine), que nous trouvons, au quatrième siècle, dans une épître de saint Paulin au poète Ausone :

Placeat reticere nitentem
Burdigalam, et piceos malis describere Boïos...
(Épist. 3.)

Comme toutes les villes de la Novempopulanie, au nombre de douze, Boïos devint, pendant le troisième siècle, le siége d'un évêché, de l'existence duquel on retrouve des traces dans l'histoire jusqu'au commencement du cinquième siècle. A cette époque, les Vandales et une multitude d'autres peuplades barbares, — dit saint Jérôme, — appelées par Stilicon, général de l'empereur Honorius, se ruèrent sur les Gaules, pénétrèrent dans la belle et riche

Aquitaine, et s'avancèrent jusqu'aux Pyrénées, en dévastant particulièrement la Novempopulanie.

La ville de Boïos ne fut cependant pas alors entièrement détruite ; mais la presque totalité de ses habitants périt en défendant le sol natal, et le petit nombre de ceux qui survécurent fut impuissant pour réparer le mal que les Barbares avaient fait à leur cité, en renversant une grande partie des travaux élevés pour la garantir de l'envahissement des sables et des atteintes de l'Océan.

C'est vers cette époque que l'évêché dut être supprimé, car l'évêque de Boïos ne figura, ni par lui-même, ni par ses députés, au concile d'Agde, tenu en l'année 506, et auquel assistèrent, en personne ou par procureurs, tous les autres évêques de la Novempopulanie.

La mer et les dunes de sable achevèrent bientôt l'œuvre de destruction si largement commencée par les Vandales, et les derniers débris de la riche et puissante nation des Boyens furent contraints d'abandonner l'ancienne cité et de s'établir dans la partie sud-ouest du lieu où s'élève aujourd'hui La Teste. Ce nouvel établissement, bien différent de la ville, naguère si florissante, de Boïos, n'osa pas en conserver le nom ; il prit celui de *Cap-de-Buch,* changé plus tard en *Teste* (ou *Tête*) *de Buch,* qui, depuis lors, a été conservé.

Dans la crainte bien naturelle d'une nouvelle

invasion des sables ou de la mer, on ne forma
d'abord qu'une espèce de camp. Puis, comme la
mer était à une assez grande distance et que les
sables demeuraient stationnaires, la confiance revint graduellement ; des cabanes en bois furent
construites ; plus tard, on bâtit quelques maisons
en maçonnerie, et bientôt, pour remercier Dieu de
sa miséricorde et de sa bonté, une petite église
s'éleva au milieu de cet humble hameau, dont les
rares habitants reprirent avec plus de courage leur
commerce et leurs travaux.

Plusieurs siècles s'écoulèrent ainsi, durant lesquels le nouveau bourg grandit et prospéra. Mais
enfin les dunes de sable, qui s'étaient arrêtées
devant quelques semis évidemment insuffisants,
comme si elles eussent compris tout ce qu'avait de
respectable cet amour du sol natal, assez puissant
pour retenir, sur une plage aussi inhospitalière, les
faibles restes d'un peuple jadis si fier et si nombreux ; les dunes de sable, disons-nous, contour-
nèrent les quelques travaux de défense qui leur
étaient opposés, et elles se mirent de nouveau en
mouvement. Fuyant devant elles, La Teste s'avança
vers le nord-est, et elle arriva peu à peu sur le
point où elle se trouve actuellement.

Cependant, depuis l'époque où Boïos avait disparu, les Boyens, dont le nom s'était changé en
celui de *Bougès*, avaient cessé de vivre indépen-

dants et de s'administrer eux-mêmes ; leur territoire était compris dans le diocèse de Bordeaux et
formait l'archiprêtré de Buch *(archipresbyteratus
Bogeii)*, dont la paroisse Saint-Vincent de La
Teste était le chef-lieu. Cet archiprêtré, le troisième du diocèse, comprenait les cantons actuels
de La Teste et d'Audenge, et une partie de ceux
de Belin et de Castelnau ; il se composait des paroisses Saint-Vincent de La Teste, Saint-Pierre
de Cazeaux, Saint-Exupère de Gujan, Saint-André
du Teich, Saint-Jean de Lamothe, Saint-Paul
d'Audenge, Sainte-Marie de Lanton, Saint-Éloi
d'Andernos, Saint-Pierre de Lège, Saint-Gervais
de Biganos et Comprian, Saint-Martin de Mios,
Saint-Pierre de Salles, Saint-Exupère de Béliet,
Saint-Sauveur du Temple et Sautuges, Saint-
Amand de Saumos, Saint-Vincent de Lacanau et
Saint-Seurin du Porge. Vers le douzième siècle,
cet archiprêtré fut réuni à celui de Born *(archipresbyteratus Bornerii)*, qui devint ainsi *archiprêtré de Buch et Born*, et eut pour chef-lieu la
paroisse Saint-Pierre de Parentis. Cet état de choses a duré jusqu'à la révolution de 1789.

Au onzième siècle, nous trouvons le pays de
Buch divisé en plusieurs seigneuries. La plus importante était celle de La Teste, appelée *Captalat
de Buch*. Elle se composait des paroisses de La
Teste, Gujan et Cazeaux, et de celle du Teich,

qui, bien qu'elle ne fît pas, à proprement parler, partie du Captalat, en a cependant toujours dépendu directement, ainsi que cela résulte de divers actes authentiques fort anciens, entre autres du testament du noble seigneur, le chevalier Pierre Amanieu de Bordeaux, en date du 20 mai 1300. La juridiction du Captalat de Buch paraît aussi s'être étendue, à différentes époques, soit sur les seigneuries d'Audenge et de Certes, soit sur les paroisses de Lamothe, de Salles, de Mios, soit enfin sur celle de Biganos et Comprian, et jusqu'au bois de la Croix d'Hins, qui était encore, au quinzième siècle, une des limites entre la seigneurie de Buch et le territoire dépendant de la ville de Bordeaux, comme il l'avait été précédemment entre la cité des Boyens et celle des Bituriges-Vivisques; on en voit la preuve dans un acte passé par les jurats de Bordeaux, en l'année 1493, et dans une déclaration de Gaston de Foix, comte de Candale, du 1er mai 1497.

Le seigneur du Captalat de Buch prenait le titre de *Captal,* qui, d'après le glossaire de Du Cange, était un nom de dignité *(dignitatis nomen).* Ce titre ne paraît pas avoir appartenu à d'autres seigneurs que ceux de La Teste. A la vérité, nous trouvons, dans quelques actes, la seigneurie de La Tresne désignée sous le nom de Captalat, mais il est probable que cela vient de ce que cette terre était alors possédée, ou l'avait autrefois été, par la famille de Grely ou Grailly, longtemps propriétaire du Captalat de Buch. Nous voyons bien également le seigneur de Certes, dans deux actes du dix-septième siècle, s'intituler Captal de Certes ; mais, malgré toutes nos recherches, nous n'avons rien découvert qui pût nous faire croire que cette dénomination lui appartînt réellement. Quoi qu'il en soit, ce sont les seigneurs de La Teste qui ont seuls illustré le titre de Captal, sous lequel l'histoire les désigne exclusivement.

Le Captal de Buch jouissait du droit de haute, moyenne et basse justice. Son château-fort était situé à l'ouest de l'église actuelle de La Teste, qui en faisait partie, et sur l'emplacement occupé par le nouveau cimetière. Construit d'après le goût et selon les besoins du temps, il consistait en un vaste quadrilatère, haut de trois étages et entouré d'une double enceinte de murs et de fossés. Cette habitation, assez incommode, n'était pas en rapport avec la puissance et la haute réputation de la plupart des Captaux de Buch, mais on comprend qu'ils s'en soient contentés à une époque où l'on était presque constamment en guerre, et où l'on devait par conséquent préférer la force et la sûreté aux agréments et à la commodité. D'ailleurs, les Captaux possédaient presque tous d'autres seigneuries qu'ils habitaient plus ordinairement. Le château de

La Teste n'étant ainsi qu'une demeure temporaire, on n'y apporta aucune modification, et il conserva toujours le cachet de la rudesse de mœurs de ses premiers maîtres. Sa démolition, commencée en 1789, a duré plus d'un quart de siècle ; elle s'opérait au fur et à mesure que les matériaux pouvaient s'utiliser dans le pays, et il y a tout au plus vingt-cinq ans que les derniers débris de cet antique manoir ont entièrement disparu. Des restes de fossés existaient encore en 1849, lorsque le cimetière a été établi ; le terrain n'ayant pas été parfaitement nivelé, on peut en retrouver les traces et reconnaître le lieu où s'élevait le fier donjon, au sommet duquel les Captaux victorieux plantaient avec un juste orgueil leur glorieux étendard.

Le plus ancien captal de Buch, dont nous ayons pu retrouver le nom dans l'histoire, est *Pierre de Bordeaux,* qui vivait au commencement du treizième siècle, et était en même temps seigneur de Puypaulin et de Castelnau en Médoc. Il laissa à son fils aîné, Pierre, ces deux dernières seigneuries, et ce fut *Amanieu,* son second fils, dont nous avons déjà cité le testament, en date du 20 mai 1300, qui lui succéda dans la seigneurie de Buch. Amanieu de Bordeaux n'ayant pas eu d'enfants, il institua pour héritière sa nièce, *Assalide de Bordeaux,* fille de Pierre, sur la tête de laquelle se réunirent de nouveau les seigneuries de Puypaulin, de Castelnau et de La Teste. Assalide épousa, en 1307, Pierre de Grely, vicomte de Bénauge et de Castillon, dont le père était sénéchal de Gascogne, et en grande faveur auprès des rois d'Angleterre Henri III et Édouard Ier. Comme toute la Guienne, le Captalat de Buch était alors, depuis plus d'un siècle, sous la domination anglaise, à laquelle il ne cessa d'appartenir qu'en 1451.

Jean II de Grely, fils de Pierre de Grely et d'Assalide de Bordeaux, leur succéda dans la propriété du Captalat, qu'il transmit, vers l'année 1343, à *Jean III,* son fils, particulièrement connu dans l'histoire sous le nom de *Captal de Buch,* et l'un des plus vaillants capitaines de son temps. Bien qu'il fût au service du roi d'Angleterre, Jean de Grely ou *Grailly* (1) combattit plusieurs fois pour la France et pour la Navarre, pendant que ces puissances étaient en paix avec l'Angleterre. En 1358, durant les horreurs de la Jacquerie, il rendit d'immenses services à la France : après avoir, avec Gaston Phœbus, comte de Foix, délivré la ville de Meaux, assiégée par les paysans, et dans laquelle s'étaient réfugiés le duc d'Orléans, frère du roi, la duchesse sa femme, et un grand

(1) Nous avons vu ce nom écrit de plusieurs manières : Grely, Greyly, Greili, Grailly, etc. *Grely* paraît être le véritable nom, changé, sous Jean III, en celui de *Grailly,* qui est resté depuis lors.

nombre de dames de la noblesse, il combattit contre les révoltés, dont le roi, Jacques Bonhomme,
fut pris et pendu ; au bout de six semaines, tout
rentra dans l'ordre. A la bataille de Cocherel, le
16 mai 1364, Jean de Grailly commandait les trou-
pes de Charles II, roi de Navarre ; il fit des prodiges de valeur, mais ne put éviter d'être vaincu par
Duguesclin et amené prisonnier à Paris. L'année
suivante, la paix ayant été conclue entre le roi de
France et le roi de Navarre, *par l'aide et le grand
sens,* dit Froissard, de *Monseigneur le Captal de
Buch,* il recouvra sa liberté. Le roi de Navarre lui
assigna alors une rente de 3,000 livres sur la châtellenie de Conches, en Normandie. Il avait acquis, dans les conseils comme dans les batailles,
une renommée telle, que le roi Charles V chercha,
par tous les moyens possibles, à se l'attacher ; il
lui donna, entre autres, la terre et le château de
Nemours ; mais le grand Captal, prévoyant une
rupture prochaine entre la France et l'Angleterre,
voulut rester fidèle à son souverain, et refusa le
don du roi de France. Pour l'en récompenser, le
prince de Galles lui accorda, en 1369, le comté de
Bigorre. La guerre s'étant rallumée entre les deux
royaumes, Jean de Grailly fut fait prisonnier par
les Français, en 1372 ; le roi d'Angleterre mit tout
en œuvre pour obtenir sa liberté ; mais Charles V
refusa obstinément de la lui rendre, et le Captal

mourut à Paris, dans la prison du Temple, en 1377.

Jean de Grailly étant mort sans postérité et sans même s'être marié, son oncle, *Archambaud de Grailly,* lui succéda. Il épousa, en 1381, Isabelle de Foix, sœur de Mathieu de Castelbon, qui, lui aussi, étant mort sans enfants, en 1398, laissa à Isabelle les comtés de Foix et de Béarn, dont la maison de Grailly devint ainsi propriétaire. Ces diverses successions rendirent Archambaud l'un des plus puissants seigneurs de la Guienne. *Gaston de Grailly,* son second fils, eut pour héritage toutes les seigneuries situées dans le pays Bordelais, et conséquemment le Captalat de Buch ; il s'unit à Marguerite d'Albret, dont il eut un fils, qui prit le nom de *Jean de Foix,* et devint, par son mariage avec Marguerite de Suffolk, comtesse de Kendale, le chef de l'illustre maison de *Foix de Candale.*

A cette époque, le Captalat de Buch était déjà, comme tout le reste de la Guienne, rentré dans le royaume de France, à la suite du siége de Bordeaux par le comte de Dunois et du traité de Fronsac, en date du 15 juin 1451, qui en avait été la conséquence ; mais ce ne fut que vers l'année 1465, après l'avénement de Louis XI, et sur les instances de ce monarque, que Jean de Foix se décida à quitter l'Angleterre, où il s'était retiré, et vint achever paisiblement sa carrière dans ses terres du Bordelais. Son fils aîné, *Gaston de Foix*, lui succéda dans toutes ses seigneuries, et fut grand sénéchal de Guienne depuis 1488 jusqu'en 1492, où il passa au gouvernement de La Rochelle. Gaston eut deux fils : *Gaston III de Foix de Candale*, captal de Buch, et Jean de Foix, archevêque de Bordeaux, de 1501 à 1529 ; il eut également une fille, Anne de Foix, qui épousa Ladislas, roi de Hongrie et de Bohème, et allia ainsi sa noble maison à la famille royale de Hongrie, comme elle l'était déjà à celle de Navarre.

Gaston III fut marié, en premières noces, à Catherine de Lescun, vicomtesse de Comminges, et, en secondes noces, à Marthe, comtesse d'Astarac ; il eut plusieurs enfants de ces deux mariages, entre autres *Frédéric de Foix*, son successeur immédiat, et *François de Foix*, qui, ayant survécu à tous ses frères, fut en même temps duc de Candale, évêque d'Aire, baron de Castelnau, seigneur de Puypaulin, Captal de Buch, etc. Par testament du 15 mai 1592, François, qui prend dans cet acte le titre de *prince*, institua pour son héritière universelle sa sœur Marie, vicomtesse de Ribérac, qui, à son tour, choisit pour héritier leur neveu *Henri de Foix*, fils de Frédéric et de Françoise de La Rochefoucauld. Henri avait épousé Marie, fille du duc Anne de Montmorency, pair et connétable de France sous François Ier, Henri II, Fran-

çois II et Charles IX ; il fut tué au siége de Som-
mières, et ne laissa que deux filles : Françoise de
Foix, abbesse de Sainte-Glossine de Metz, et *Marguerite de Foix de Candale,* qui fut héritière unique de son père, et se maria à Jean-Louis de Nogaret de La Valette, duc d'Épernon, l'un des mignons
de Henri III et gouverneur de la Guienne. *Henri
de Nogaret, duc d'Épernon et de Candale,* leur
fils, posséda le Captalat après eux, et le transmit,
lui aussi, à son fils, également duc d'Épernon et
de Candale, qui rendit, le 20 juillet 1660, en qualité
de *prince de Buch,* une ordonnance très-sévère
concernant la pêche dans le bassin d'Arcachon,
désigné sous le nom de petite mer du Captalat.

Le Captalat de Buch resta ainsi dans l'illustre
maison de Foix de Candale et d'Épernon jusqu'au
commencement du dix-huitième siècle, époque à
laquelle il passa dans la famille de Ruat, qui, d'après
des lettres-patentes accordées par Louis XIV en
1682, avait autrefois rendu de grands services au
roi et au pays en repoussant les ennemis de la
France. Ce fut messire Henri-François de Foix de
Candale, duc d'Épernon, etc., qui, par acte du 23
avril 1713, vendit le Captalat à M. *Jean Amanieu
de Ruat,* conseiller au Parlement de Bordeaux.
Les descendants de M. de Ruat ont conservé la
seigneurie de La Teste jusqu'à la révolution de
1789. Leur château était situé dans la paroisse du

Teich ; ils l'ont vendu, en 1845, avec le beau domaine qui en dépend, à M. Festugière ainé.

Jusqu'à la fin du quinzième siècle, les Captaux de Buch maintinrent les habitants du Captalat dans une odieuse servitude ; la plupart de leurs sujets étaient *serfs questaux,* et nous voyons dans un accord signé le 13 mars 1394, entre le captal Archambaud de Grailly et le duc de Lancastre, auquel le roi d'Angleterre avait donné le duché de Guienne, que ce prince s'engage, envers Archambaud, à ne point accorder, sans l'avoir appelé et sans connaissance de cause, aux serfs questaux, *originaris* ou *ascriptices,* du Captal ou de ses vassaux, des lettres de sauvegarde en vertu desquelles ils puissent se pourvoir devant les officiers royaux *pour venir à franchise et liberté.*

Un pareil esclavage devait, sans aucun doute, nuire considérablement au développement du pays. Néanmoins, La Teste avait acquis une certaine importance lorsqu'elle fut dévastée par les guerres qui eurent lieu dans la Guienne, entre le roi Charles VII et les Anglais, de 1442 à 1453 ; aussi, lorsque Jean de Foix, de retour d'Angleterre, vint se faire reconnaître, en 1468, comme seigneur du Captalat, il ne restait à La Teste que quarante maisons en état d'être habitées. Quelques concessions furent accordées par ce seigneur et par ses descendants ; mais les fruits qu'elles portèrent furent longs à se produire, et il résulte d'un acte du mois d'octobre 1500 que la paroisse de La Teste ne comptait toujours que quarante maisons. A partir de cette époque, un léger progrès commença de se faire remarquer, l'activité des habitants se manifesta davantage, ils étendirent leur commerce, et la population augmenta de manière à atteindre le chiffre de huit cents âmes vers le milieu du dix-septième siècle et celui de quinze cents âmes en 1782.

Les concessions que les Captaux de Buch accordèrent, dès la fin du quinzième siècle, aux habitants du Captalat, ne s'étendirent point, toutefois, aux charges exorbitantes que, par un injuste abus de leur puissance, ils avaient imposées aux marins du littoral, et principalement aux pêcheurs, s'attribuant ainsi la juridiction et même la propriété de l'entier bassin d'Arcachon, non seulement à l'exclusion des autres seigneurs riverains, mais contrairement à tous les principes du droit public. Ces charges, qui consistaient en droits de capte, de concage, de balisage, d'ancrage, de pinassage, etc., subsistèrent jusqu'à ce que le roi Louis XV, ayant établi, par ses arrêts des 21 avril et 26 octobre 1739, une commission pour la vérification des titres sur lesquels reposaient les droits maritimes, il fut rendu, le 28 janvier 1742, malgré l'opposition de M. de Ruat, alors Captal de Buch, une ordonnance portant défense de s'attribuer aucune étendue de mer pour y pêcher exclusivement, de prendre aucune connaissance des faits de pêche, de marquer ou faire marquer les bateaux, d'exiger aucun droit de capte, pinassage, concage, ancrage, etc., etc. La pêche fut déclarée libre à tous les marins, sans aucune espèce de rente ni redevance, et à charge seulement de se conformer à l'Ordonnance de la marine de 1681 et aux arrêtés et règlements rendus par son exécution. Ces sages dispositions, qui mirent fin à d'odieuses vexations et firent triompher les premiers principes du droit public, concoururent puissamment aussi à hâter le développement et le progrès que nous avons signalés.

On a déjà vu que les quelques familles de Boyens qui avaient survécu, et qui jetèrent, après l'entière ruine de Boïos, les premiers fondements de La Teste, y élevèrent une petite église, sous le vocable de saint Vincent. A cet édifice religieux vint plus tard s'en joindre un second, situé plus au nord-est, et par conséquent moins exposé à l'envahissement des sables ; il était dédié à la sainte Vierge, et se nommait la *Chapelle de Notre-Dame des Monts*. Il est fait mention de cette chapelle dans un acte du 13 novembre 1498, passé devant Jean de Meriano, notaire, par lequel Arnaud Aney, de la paroisse de Gujan, vend à *Fray Johan de Lescun, Prior et Grangey deu Priorat de Nostra-*

Dona de Mons, en la parropia de La Testa, una mayson situada en la deyta parropia de La Testa, au loc apperat à Nostra-Dona, en la saubetat de la deyta Capera, etc. Il résulte des termes mêmes de cet acte que déjà, en 1498, la chapelle de Notre-Dame des Monts existait depuis longtemps, puisqu'elle était le siége d'un prieuré et qu'elle jouissait d'un droit de sauveté ; mais nous n'avons pu découvrir nulle part la date exacte de sa construction.

Cette chapelle, qui a existé jusqu'en 1792, n'avait rien de remarquable ni dans son architecture, ni dans la richesse ou l'élégance de ses ornèments ; elle était petite, basse, sans clocher, à une seule nef, et n'avait qu'un autel, dédié à la sainte Vierge. Elle jouissait d'une dîme dans la paroisse de Gujan.

Lorsque les sables eurent envahi la petite église de La Teste, la chapelle de Notre-Dame des Monts tint lieu d'église paroissiale. Cet état de choses dura ainsi jusque vers la fin du seizième siècle, où le duc d'Épernon concéda gratuitement à la paroisse la chapelle du château pour servir d'église. Pendant plus de trente ans, aucune modification ne fut apportée à cet édifice, dont l'entretien avait été passablement négligé par les deux derniers seigneurs de Buch : mais, en 1626, les Bougès, mettant résolument la main à l'œuvre, convertirent la chapelle insuffisante des Captaux en une vaste église, telle qu'elle existe aujourd'hui. La maison de Tahard fit bâtir, à ses frais, d'abord la sacristie, et ensuite la chapelle de Saint-Jean, qui lui fut concédée. M. de Baleste, d'Andernos, donna mille livres pour la construction de l'église, et fit élever, à ses frais, la chapelle de la sainte Vierge, appelée alors Notre-Dame de Guérison, dont il obtint la concession, qui passa, après lui, dans la maison Caupos-Lavie. En 1690, M. le curé Fillot fit bâtir le clocher, et ouvrir, derrière l'église, une porte pour faciliter l'entrée des habitants de la paroisse. Plus tard, cette porte a été supprimée, puis on en a ouvert une autre, en 1854, dans la chapelle Saint-Jean. A son tour, le clocher a subi d'importantes modifications. La flèche était primitivement en bois, couverte en ardoises, beaucoup plus élevée que celle d'aujourd'hui, et conséquemment d'un bien meilleur aspect ; la foudre l'ayant consumée en 1822, on la remplaça, en 1832, par la flèche qui surmonte actuellement l'édifice.

A peu près vers l'époque où l'ancienne église de La Teste disparaissait sous les sables, un autre temple, plus simple et plus modeste encore, s'élevait de l'autre côté du bourg, sur ces mêmes sables dont l'Océan couvre sans cesse les plages de la Gascogne. Le cordelier Thomas Illyricus construisait un oratoire en bois, dédié à l'Étoile des mers, sous le titre de *Notre-Dame d'Arcachon*, et plaçait ainsi sous la protection spéciale de la Mère du Sauveur du monde les marins du littoral, si souvent exposés à périr dans l'exercice de leur dangereuse profession.

Fondée en 1488, la chapelle de Notre-Dame d'Arcachon, devenue insuffisante, fut rebâtie en pierre, sur le même lieu, au commencement du dix-septième siècle. Malheureusement, il ne fut pas possible de la maintenir longtemps sur cet emplacement, si bien choisi par Illyricus pour que les pêcheurs d'Arcachon eussent presque constamment en vue le sanctuaire vénéré de leur auguste protectrice : dès le commencement du dix-huitième siècle, les sables commencèrent à s'amonceler autour des murs; ils s'amassèrent ainsi graduellement, et, pendant qu'une commission spéciale, instituée par Mgr l'Archevêque de Bordeaux, délibérait pour savoir si l'on ferait des réparations et des travaux de défense, ou bien si l'on changerait la chapelle de place, l'œuvre de destruction s'accomplit... Le 9 novembre 1721, M. Cocard, alors curé de La Teste, annonçait aux notables de la paroisse l'entière disparition de la chapelle, et, en présence de l'impossibilité matérielle de la rebâtir au même endroit, il proposait de l'édifier sur l'emplacement où elle s'élève aujourd'hui. Cette proposition fut acceptée avec empressement, et mise à exécution pendant l'année 1722.

Notre intention étant de consacrer au sanctuaire de Notre-Dame d'Arcachon un article spécial, nous ne nous étendrons pas davantage sur ce sujet.

Nous l'avons déjà dit : c'est en fuyant devant les dunes qui menaçaient de l'engloutir, que La Teste est graduellement arrivée sur son territoire actuel. Dans cette position, les vieux Bougès pensaient n'avoir plus rien à redouter ; la solidité des constructions qu'ils élevèrent alors témoigne hautement de cette confiance. Il leur semblait, en effet, être pour toujours à l'abri des atteintes de ces masses de sables, à l'aspect menaçant desquelles ils s'étaient insensiblement accoutumés, de même qu'ils avaient pris l'habitude d'affronter, avec une insoucieuse intrépidité, les flots courroucés de l'Océan ; il ne fallut rien moins que la rude logique des faits pour les convaincre de leur erreur.

Nous trouvons dans des notes qui nous ont été communiquées par une ancienne famille du pays, que, vers le milieu du dix-huitième siècle, des craintes graves se réveillèrent. Pendant l'hiver de 1750, les dunes avaient fait des progrès incontestables ; chaque année elles avançaient, lentement il est vrai, mais d'une manière presque continuelle. Quelques habitants songèrent sérieusement à arrêter leur marche. Déjà le captal Alain-Amanieu de Ruat avait fixé, en 1736, diverses dunes, dont la malveillance avait détruit par l'incendie les forèts naissantes ; les procédés employés étaient sans doute encore imparfaits, mais ils pouvaient être perfectionnés, et la réussite ne paraissait pas devoir être douteuse. Son fils, François-Amanieu de Ruat, qui lui avait succédé dans le Captalat, résolut d'apporter un remède au mal qui s'aggravait tous les jours ; il demanda le concours des habitants de La Teste, pour opérer l'ensemencement de toutes les dunes qui menaçaient la paroisse. Malheureusement, la spéculation s'en mêla ; quelques bourgeois influents, qui voulaient faire cette entreprise par actions, contrarièrent les projets du Captal, et, pour le moment, les choses en restèrent là.

Cependant M. de Ruat adressait au roi, en 1772, un mémoire, et, en 1776, une requête sur le même objet.

D'un autre côté, l'abbé Desbiey (Louis-Mathieu), qui, de concert avec son frère, Guillaume Desbiey, entreposeur des tabacs à La Teste, avait parfaitement réussi, en 1769, à fixer, au moyen de semis de pins, la dune de Broque-Finage, qui menaçait d'engloutir leur bien patrimonial de Saint-Julienen-Born (Landes), l'abbé Desbiey lut, le 25 août 1774, en séance publique de l'Académie de Bordeaux, dont il était secrétaire, un mémoire sur la fixation des dunes par les semis de pins ; ce mémoire, intitulé : *Recherches sur l'origine des sables de nos côtes, sur leurs funestes incursions*

*vers l'intérieur des terres, et sur les moyens de
les fixer ou du moins d'en arrêter les progrès,*
remporta, en 1776, le prix proposé par l'Académie
de Bordeaux, à laquelle il avait été présenté sous
le nom de Guillaume Desbiey, frère de l'abbé.

Enfin, M. le baron Charlevoix de Villers, ingénieur en chef de la marine, venu, en 1768, en
mission officielle à La Teste, avec M. le comte du
Muy, maréchal de France, et M. de Carny, lieu-
tenant de vaisseau, pour rechercher les moyens
d'améliorer la passe du bassin d'Arcachon et d'y
créer un port, M. de Villers composa, en 1772,
sur l'immobilisation des sables des dunes par les
semis de pins, un mémoire qui fut remis au minis-
tère de la marine, et dont M. de Sartine envoya
des copies à Bordeaux.

A l'aide de tous ces documents, et après avoir
procédé lui-même à des expériences qui paraissent
remonter à l'année 1776, M. Brémontier, alors
simple sous-ingénieur, et plus tard inspecteur général des ponts-et-chaussées, publia, en 1780, un
mémoire dans lequel il démontrait l'infaillible succès de la vaste entreprise d'ensemencement des
dunes, qui devait garantir d'une perte inévitable
les propriétés situées depuis l'embouchure de la
Gironde jusqu'à celle de l'Adour. Heureusement
pour ces contrées, les propositions de M. Brémontier reçurent un favorable accueil, et il fut chargé

lui-même, en qualité d'ingénieur en chef à Bordeaux, de diriger l'application des procédés qu'il avait indiqués. Les premiers travaux furent commencés en 1786 ; ils réussirent parfaitement : un éclatant succès couronna cette grande et généreuse entreprise. Brémontier poursuivit son œuvre avec un zèle infatigable, une admirable persévérance ; pendant vingt-cinq années consécutives, il ne cessa pas de se livrer à des recherches, des essais, des expériences sans nombre, et il obtint ainsi des perfectionnements qui rendirent l'usage de ses procédés aussi simple qu'économique.

Les brillants éloges donnés à cet habile ingénieur par plusieurs sociétés savantes, et la vive gratitude des populations du littoral du golfe de Gascogne, ont placé Brémontier au nombre des bons citoyens, des hommes utiles à la patrie. Certes, on ne pourrait pas, sans injustice, oublier de rendre à ses généreux devanciers, les de Ruat, les Desbiey, les de Villers, le tribut de reconnaissance qu'ils méritent sous tous les rapports ; mais il faut aussi proclamer hautement que, sans l'initiative de Brémontier, sans son énergique persistance, tous ces projets, si habilement conçus, n'auraient été exécutés que bien des années plus tard, alors peut-être que La Teste, comme tant d'autres localités, aurait été ensevelie sous ces mêmes dunes de sables qui, couvertes aujourd'hui de superbes forêts,

l'abritent, au contraire, la protégent et l'embel-
lissent, en même temps qu'elles offrent à ses habitants une nouvelle source de travail, un nouveau
gage de prospérité.

Au sein même de ces forêts, non loin de l'église
de La Teste, s'élève un modeste cippe en marbre
rouge, orné d'une couronne de chêne entourant
une fleur de lis, et sur lequel on lit ces mots :

L'AN M. DCC. LXXXVI,

SOUS

LES AUSPICES DE LOUIS XVI,

N^{as} BRÉMONTIER,

INSPECTEUR GÉNÉRAL DES PONTS-ET-CHAUSSÉES,

FIXA LE PREMIER LES DUNES

ET LES COUVRIT DE FORÊTS.

EN MÉMOIRE DU BIENFAIT,

LOUIS XVIII,

CONTINUANT LES TRAVAUX

DE SON FRÈRE,

ÉLEVA CE MONUMENT.

ANT^e LAINÉ,

MINISTRE DE L'INTÉRIEUR.

CAM^{le} COMTE DE TOURNON,

PRÉFET DE LA GIRONDE.

M. DCCC. XVIII.

Dans le procès-verbal dressé, en 1835, pour la
cession des semis à l'administration des forêts, il a
été stipulé que le cippe élevé sur la dune Brémontier, à la mémoire de cet ingénieur, resterait sous
la garde de l'administration des ponts-et-chaus-

sées. Il est situé au milieu d'une place circulaire, à laquelle aboutissent plusieurs larges allées, afin que les étrangers puissent, sans se perdre dans les bois, visiter cette modeste pierre, et rendre hommage à un bienfaiteur de l'humanité, sur le théâtre même de ses bienfaits.

Outre les forêts de pins semées par Brémontier, et qui sont la propriété de l'État, il existe à La Teste, depuis plusieurs siècles, ce qu'on appelle la *Grande-Forêt* ou la *Montagne*. Cette forêt n'est point, comme on le croit assez généralement, une propriété communale ; elle appartient à des particuliers, mais elle est grevée de droits d'usage tels qu'on n'en trouve de semblables dans aucune autre partie de la France. C'est dans la Grande-Forêt que les habitants de La Teste, ainsi que ceux de Gujan et de Cazeaux, puisent tout le bois mort nécessaire à leur chauffage et tous les arbres pins vifs dont ils ont besoin pour la construction des maisons qu'ils bâtissent. Cette dernière espèce de bois leur est délivrée, sur leur demande, par des syndics nommés par les propriétaires assemblés. Quant au bois mort, pour le feu, et aux arbres vifs, autres que les pins, à employer en constructions terrestres ou maritimes, les usagers peuvent les prendre sans délivrance. Tous ces droits sont établis dans des actes qui remontent à 1468, 1535, 1604, 1746, 1759 et fructidor an II.

La Grande-Forêt de La Teste est bornée : au nord, par les forêts de l'État et par les terrains cultivés de la commune ; à l'est, par la plaine de Cazeaux, le canal d'Arcachon et l'étang de Cazeaux ; au sud, par le même étang et par les forêts de l'État ; à l'ouest, en entier, par les forêts de l'État, qui la séparent de l'Océan et ont été semées sur les dunes qui ont envahi une partie de la Grande-Forêt. Elle a une superficie de trois mille neuf cent soixante-dix-sept hectares, est peuplée d'arbres pins de dimensions extraordinaires, de chênes séculaires, de houx, d'arbousiers, de bouleaux, d'aunes, de trembles, etc., et présente à chaque pas des accidents de terrain, des coteaux, des vallées de toute sorte, qui forment les sites les plus ravissants, les plus pittoresques points de vue.

La *petite forêt d'Arcachon*, d'une contenance de trois cent soixante hectares, était également soumise aux mêmes droits d'usage ; mais une transaction intervenue, le 17 juillet 1855, entre les syndics des propriétaires et les maires de La Teste et de Gujan, représentants légaux des usagers des deux communes, a autorisé le rachat de toutes les portions de cette forêt alors closes et bâties, ou qui pourraient l'être à l'avenir, et de toutes les allées ou avenues ouvertes ou à ouvrir, non classées comme voies vicinales, moyennant une indemnité de 300 fr. par hectare, payable moitié à la communauté des propriétaires de la Grande-Forêt et moitié aux deux communes usagères.

Il y avait autrefois dans la paroisse de La Teste plusieurs maisons nobles, rendant foi et hommage au Captal de Buch, entre autres celles de *Palu*, de *Subiettes* et de *Francon*. Les deux premières se sont éteintes vers le milieu du dix-huitième siècle ; elles existaient l'une et l'autre en l'année 1468, époque où Jean de Foix vint prendre possession du Captalat. Celle de Francon datait de 1590 ; elle appartint d'abord à Pierre de Pomiers, écuyer, et à ses descendants ; puis elle passa dans la famille de Peyjehan ou Peyjehan, car nous voyons, en 1721, relativement à la chapelle d'Arcachon, Guillaume et Pierre Peyjehan qualifiés du titre de *sieurs de Francon*. Il y a encore actuellement, à La Teste, des descendants de la famille Peyjehan, mais la maison noble a cessé d'exister depuis la révolution de 1789, et le surnom de Francon n'a pas été conservé.

Le commerce des matières résineuses (résine en pains, pâte et essence de térébenthine, brai, goudron, etc.) et de quelques menues denrées de consommation habituelle, a toujours été la principale occupation des habitants les plus aisés de La Teste. Ce négoce a même pris, à différentes époques, d'assez larges proportions. Un marché de produits résineux avait lieu les mardi et vendredi de chaque semaine ; sa création était fort ancienne, car les rôles gascons des années 1382 et 1383 contiennent la permission accordée par le roi d'Angleterre Richard II, au captal Archambaud de Grailly, d'établir des marchés dans la terre de Buch.

A l'exception de quelques ouvriers des diverses professions les plus usuelles, le reste de la population se composait de marins et de résiniers. Ces deux classes d'habitants se mêlaient rarement ensemble ; aussi différentes au moral qu'au physique, elles avaient leurs jeux comme leurs travaux propres ; tout, jusqu'à la forme et même la couleur de leurs vêtements, était distinct : les marins s'habillaient de bleu, et les résiniers de rouge ; ceux-ci portaient une veste à basques tout le tour, ceux-là un gilet rond. Comme aujourd'hui, les marins montaient les petits navires de cabotage qui allaient apporter les résines en Bretagne, ou bien ils faisaient la pêche dans le bassin d'Arcachon et dans l'Océan ; quelques membres de leurs familles, quelquefois des femmes, s'occupaient aussi de transporter le poisson à Bordeaux sur des chevaux, et parfois sur des charrettes ; on les nommait *poissonniers*. Les résiniers se livraient à l'exploitation des pinadas qu'ils habitaient presque toujours, ne venant à La Teste que le dimanche. Logés dans des cabanes en planches mal jointes, nourris de pain de seigle, de *cruchade* (sorte de bouillie grossière faite avec de la farine de maïs et de l'eau), de lard souvent rance, de sardines de Galice salées, et ne buvant presque jamais que de l'eau, leur constitution se ressentait de cette manière de vivre ; ils étaient presque tous maigres et chétifs. Les marins, au contraire, bien nourris, buvant constamment du vin en abondance, surtout pendant la durée de la grande pêche, dite du *péougue*, qui avait lieu régulièrement depuis la Toussaint jusqu'à Pâques, les marins étaient frais, colorés, bien découplés, et accusaient la force et l'énergie.

La révolution de 1789, qui a nivelé tant de choses, a fait disparaître ces inégalités de mœurs et de coutumes. Malgré cela, et bien que des alliances de plus en plus nombreuses aient mélangé ces deux classes d'habitants, les personnes du pays distinguent encore, à la seule vue, un marin d'un résinier.

Nulle part peut-être, si ce n'est dans l'Inde, les femmes ne se livrent à des travaux aussi durs qu'elles le faisaient généralement autrefois à La Teste, et que quelques-unes le font encore aujourd'hui. Tantôt, depuis le commencement jusqu'à la fin du jour, travailler les champs, bêcher la vigne, battre les grains au fléau en plein soleil, etc. Tantôt, en été comme en hiver, se lever au milieu de la nuit, partir à cheval pour la Grande-Forêt ; là, armée d'une lourde hache, abattre un ou plusieurs arbres selon leur grosseur, les réduire en bûches,

en charger le cheval, et revenir à pied à La Teste
vers huit heures du matin ; aussitôt de retour, va-
quer aux soins du ménage, préparer le repas de la
famille, et l'après-midi aller travailler la terre, pour
recommencer le lendemain cet écrasant labeur.
Ce n'est pas, hâtons-nous de le dire, que les femmes aient jamais été contraintes à ces durs travaux
par la tyrannie des hommes ; d'anciens usages seuls
leur ont légué cette lourde part des charges de la
vie commune. Pour retrouver la source de ces usages, il faut, nous le pensons, remonter à cette
époque douloureuse où, tous les guerriers de l'antique Boïos étant tombés en essayant de défendre
contre les Vandales leur territoire envahi, les femmes, échappées presque seules à la dévastation de
leur cité, et n'ayant pour les aider que des enfants
et des vieillards, durent se livrer aux plus pénibles
travaux, et puiser dans le malheur qui accablait
leur nation la force et l'énergie qu'elles ont con-
servées jusqu'à nos jours.

Lorsque, au mois de décembre 1789, complé-
tant l'œuvre de destruction du régime féodal commencée dans la nuit mémorable du 4 août, l'Assemblée nationale abolit la division du royaume
en provinces, et partagea la France en départements, subdivisés eux-mêmes en districts (nommés plus tard arrondissements), en cantons et en
communes, la paroisse de Cazeaux fut réunie à

celle de La Teste, pour ne former ensemble qu'une seule commune, qui devint le chef-lieu d'un canton, composé de La Teste, Gujan et Le Teich. Jusqu'en 1857, ce canton n'a subi aucune modification. Cazeaux a bien essayé, plusieurs fois, de conquérir son individualité municipale, mais le succès n'a pas couronné ses efforts ; un adjoint spécial lui a seulement été donné, en 1843, pour la police locale et la tenue des registres de l'état civil. Sous le rapport religieux, cette section a été plus heureuse : dépourvue de titre légal depuis 1792, son église a été érigée en succursale pendant l'année 1847.

A la révolution de 1789, La Teste était dans la meilleure situation pour profiter des bienfaits que le régime nouveau lui apportait, en affranchissant ses habitants des entraves de la féodalité. L'ordonnance du 28 janvier 1742 avait arraché sa population maritime aux odieuses vexations du Captal, affranchi les malheureux pêcheurs de ces charges de toute espèce dont leur périlleuse industrie était grevée. Après quatorze années d'un procès ruineux, une transaction, en date du 7 août 1746, était intervenue entre M. de Ruat et les paroisses de La Teste, Gujan et Cazeaux, pour régler définitivement les droits du seigneur, des propriétaires et des usagers, dans la Grande-Forêt. Enfin, chose plus importante et plus décisive encore, Brémontier venait de commencer, en 1786, les semis de pins qui devaient préserver à jamais La Teste de l'envahissement des sables, et assurer son existence à venir en arrêtant pour toujours la marche de ces immenses dunes qui menaçaient le pays tout entier d'une destruction prochaine. Tout se réunissait donc pour ouvrir à la commune de La Teste la voie la plus large et la plus prospère. L'intelligente et laborieuse activité de ses habitants sut habilement tirer parti de cette heureuse situation. La pêche, le commerce, l'agriculture, l'industrie se développèrent à l'envi ; la misère s'éloigna pour toujours, et une honnête aisance se répandit graduellement dans toutes les familles. Le chiffre de la population, qui atteignait à peine seize cents âmes en 1789, était déjà de deux mille trois cents en 1807, et arrivait à trois mille en 1836 ; il est aujourd'hui de quatre mille âmes, y compris la population sédentaire d'Arcachon.

De 1834 à 1837, La Teste a vu créer sur son territoire deux vastes entreprises, qui, si elles n'ont pas réussi comme elles auraient pu le faire, n'en ont pas moins versé dans le pays des sommes considérables : la *Compagnie d'exploitation et de colonisation des landes de Bordeaux,* et la *Compagnie agricole et industrielle d'Arcachon.* La première, fondée en 1834 au capital de quatre millions de francs, a construit le canal d'Arcachon, dont nous avons aperçu l'arrivée en passant à La Hume, œuvre importante, encore incomplète, il est vrai, mais qui fait néanmoins communiquer La Teste avec les Landes, et présente un parcours de quarante kilomètres, les étangs compris. La seconde, établie en 1837, avec un fonds social de cinq millions, pour défricher et coloniser les landes incultes situées au sud-est de La Teste, entre la Grande-Forêt, Cazeaux et son étang, Sanguinet, Mios, Le Teich, Gujan et le Bassin, a créé le beau travail d'irrigation qui existe dans la plaine de Cazeaux, établi diverses usines, et importé dans le pays la culture du riz, désormais assurée à cette localité. Sans doute, nous l'avons déjà dit, un succès complet n'a point couronné les efforts de ces deux compagnies, bien dignes d'un meilleur sort, mais elles n'en ont pas moins donné au canton de La Teste une impulsion remarquable, ouvert des sources de prospérité qui ne tariront plus. Sans elles, peut-être, jamais le chemin de fer de Bordeaux à La Teste n'aurait été exécuté, jamais la ligne de Bayonne n'aurait jeté un embranchement sur Arcachon, et ce pays, que l'on connaîtrait à peine, attendrait encore aujourd'hui la précieuse voie de communication dont il jouit depuis dix-sept ans.

Revenons maintenant en arrière, une dernière fois, pour nous occuper plus spécialement de cette partie du territoire de La Teste sur laquelle s'est élevée la nouvelle ville d'Arcachon.

Nous avons déjà vu que, vers la fin du quinzième siècle, en 1488, le cordelier Thomas Illyricus construisit, sur le bord du Bassin, un oratoire en bois dédié à Notre-Dame d'Arcachon. Ce rustique oratoire, la modeste chaumière qu'habitait le vénérable cénobite et quelques pauvres cabanes de pêcheurs et de résiniers furent, pendant plus de trois siècles, les seules constructions édifiées sur cette côte solitaire. Deux fois, il est vrai, en 1624 et en 1722, la chapelle et l'ermitage furent reconstruits et agrandis : la première fois à la même place, et la seconde fois sur le lieu actuel. Néanmoins, personne ne vint se fixer à Arcachon, qui continua de rester désert et d'être uniquement un but de pèlerinage, journellement fréquenté par les habitants du littoral, visité, à certains jours de l'année, par une foule considérable de pieux fidèles, mais toujours privé de population sédentaire.

Alors, il faut le dire, La Teste était comme étrangère au reste de la France, par la difficulté qu'il y avait de s'y rendre. Les Landais habitués à voyager dans des chemins couverts d'eau pendant l'hiver et de sable pendant l'été, pouvaient seuls se décider à faire un pareil voyage ; aussi, les habitants de Bordeaux eux-mêmes connaissaient à peine ce pays, et la majeure partie d'entre eux ne se doutait certainement pas de ce qu'était le bassin d'Arcachon. De leur côté, les habitants de La Teste se trouvaient heureux de cet isolement ; ils vivaient tranquilles dans leur paisible village, sans s'inquiéter de ce qui se passait dans le reste du monde ; et, à l'exception des *poissonniers* et des marins du cabotage, personne ne sortait des limites circonscrites de La Teste ou des paroisses environnantes. Une fois seulement, dans les familles les plus aisées, une fois en sa vie, à l'époque de son mariage, on allait à Bordeaux faire les emplettes de noce. C'était un grand voyage, un événement qui faisait époque dans l'existence de ceux qui l'accomplissaient ; on en parlait longtemps dans le bourg, et les acteurs de cette mémorable pérégrination racontaient plus tard, à la veillée, aux petits enfants, aux serviteurs, aux voisins ébahis, les merveilles qu'ils avaient un instant admirées....

Cependant, vers les dernières années de l'Empire, quelques riches familles bordelaises vinrent, pendant plusieurs étés consécutifs, prendre les bains de mer à Arcachon ; elles s'établirent, soit à l'ermitage inhabité de la chapelle, soit dans des cabanes de pêcheurs ou de résiniers, soit enfin dans les deux postes de douanes récemment créés au Mouëng et au Pilat. Ces premiers essais firent un peu connaître la côte et la baie ; mais les graves inconvénients du voyage, la difficulté de trouver un logement, l'embarras de se procurer des vivres, empêchèrent le nombre des baigneurs de s'accroître, et ceux mêmes qui avaient pu apprécier les agréments de la localité, furent obligés de cesser d'y venir.

Au lieu de prospérer, la côte d'Arcachon retombait donc graduellement dans son oubli primitif, lorsque, en 1823, un homme d'une sagacité remarquable, qui demeurait depuis une quinzaine d'années à La Teste, où il s'était marié, M. François Legallais, capitaine de navire, éclairé par ce qu'il avait vu dans ses nombreux voyages, comprit tout le parti que l'on pouvait tirer de cette magnifique plage comme établissement de bains. Il possédait, au lieu appelé Eyrac, une portion des forêts usagères ; il y jeta les fondements de l'hôtel qui porte aujourd'hui son nom et appartient à son fils aîné.

Quelque confiance qu'il eût dans son entreprise, intimidé néanmoins par les appréhensions de sa famille et de ses amis, à qui le succès ne paraissait pas aussi certain, il ne bâtit d'abord qu'un pavillon à un seul étage (le pavillon de l'Est, nouvellement restauré), et une rangée de chambres, abritées des deux côtés par des galeries, imitées des vérandas de l'Inde, et devenues maintenant si nombreuses à Arcachon, que pas une maison peut-être n'en est dépourvue.

Dès la première saison, le nouvel établissement eut du monde en assez grande quantité.

Ce résultat fut doublement heureux, car, en même temps qu'il justifiait les intelligentes prévisions de Legallais, il enhardit un autre habitant du pays, qui se décida, lui aussi, à entrer dans la voie du progrès. Duprat–Bireban, résinier à La Teste, qui, depuis plusieurs années, recevait quelques baigneurs dans sa cabane, située au quartier du Mouëng, résolut d'agrandir et de rendre plus commode sa modeste habitation; il mit tout de suite la main à l'œuvre, ajouta trois petites chambres aux quatre pièces qu'il possédait déjà, et créa ainsi l'hôtel qui a pris, plus tard, le nom de son gendre, et est devenu l'*Établissement Lesca*.

Une circonstance fortuite vint apporter à ces courageux efforts une haute et efficace protection.

Au mois d'avril 1824, M. le baron d'Haussez, alors préfet de l'Isère, et qui avait auparavant administré le département des Landes, fut nommé à la préfecture de la Gironde. Appelé à La Teste, peu de temps après son entrée en fonctions, par une grande chasse au chevreuil à laquelle il avait été invité, il voulut visiter le bassin d'Arcachon. Frappé d'admiration par la splendide beauté de cette vaste baie, par l'admirable disposition de la plage pour les bains de mer, par le voisinage exceptionnel d'une forêt toujours verte et embaumée, il prédit à cette côte privilégiée le plus brillant avenir ; il prodigua à M. Legallais de vifs encouragements, promit aux autorités locales son précieux concours, et décida immédiatement l'exécution de la route départementale de Bordeaux à La Teste.

Ce puissant et énergique appui décida du sort d'Arcachon, classé désormais au rang des stations de bains maritimes.

Cependant il restait encore à féconder par la persévérance et le travail ces germes de prospérité naissante. Ni Legallais, qui n'hésita pas à engager dans son entreprise la presque totalité de sa fortune, ni Duprat, dans la limite étroite et bornée de ses ressources, ne négligèrent rien pour arriver au but ; et, pendant que celui-ci employait le fruit modique de longues épargnes à l'amélioration de son hôtel, Legallais, non seulement ajoutait au sien de nouvelles constructions, mais créait un service de voitures très-onéreux pour lui, réparant à ses frais le chemin qui conduisait d'Eyrac et du Mouëng à La Teste, où s'arrêtait la route départementale, route tracée d'ailleurs au milieu des sables et d'un parcours tellement difficile qu'il fallait quinze heures et plusieurs relais pour faire le trajet.

De son côté, M. d'Haussez, fidèle à sa promesse, ne se contentait pas d'entourer administrativement Arcachon de sa bienveillance ; il saisissait toutes les occasions d'en parler avec éloges dans le monde.

de le faire connaître à la haute société qu'il recevait dans les salons de la Préfecture.

Chaque année la quantité de baigneurs devenait plus nombreuse ; les établissements Lesca et Legallais étaient insuffisants, et il fallait souvent, pendant le mois d'août, placer des lits dans les salons, sous les galeries et même sous des tentes. En 1836, un propriétaire de La Teste, M. Bourdain, et un peintre de Bordeaux, M. Tindel, élevèrent simultanément deux nouveaux établissements. Le premier bâtit, à la pointe de l'Aiguillon, la maison que l'on y voit encore et à laquelle il a été apporté peu de modifications ; le second éleva dans le quartier d'Eyrac, entre Lesca et Legallais, le gracieux hôtel qui est passé quelques années après dans les mains de la famille Gailhard, et porte aujourd'hui le nom d'*Hôtel des Empereurs*.

Le commencement des travaux du canal de la Compagnie des Landes et la création de la Compagnie agricole d'Arcachon amenèrent à cette époque, dans le pays, un certain nombre d'étrangers de distinction, et attirèrent l'attention publique sur le bassin d'Arcachon, qui fut alors connu, non seulement à Bordeaux, mais à Paris et dans tout le reste de la France.

On atteignit ainsi l'année 1844. L'ouverture du chemin de fer de Bordeaux à La Teste vint alors donner un irrésistible élan aux progrès que faisaient les bains d'Arcachon. Les difficultés de la route avaient disparu ; le voyage, auparavant si pénible, n'était plus qu'une agréable promenade : des masses de voyageurs vinrent visiter les bords du Bassin, et le nombre des baigneurs fut bientôt supérieur à celui des logements qu'on pouvait leur offrir.

Pour satisfaire à ces nouveaux besoins, il fallait entrer dans une voie nouvelle, et, en même temps que les hôtels s'agrandissaient, bâtir des maisons particulières spécialement appropriées à l'usage auquel on les destinait.

M. Lamarque de Plaisance, alors étranger au pays, mais qui devait bientôt lui consacrer tout ce qu'il a d'intelligence, de dévoûment et d'aptitude, fut le premier à donner l'exemple. Dès la fin de l'année 1842, il entreprit la construction d'une charmante villa, aujourd'hui encore l'une des plus jolies d'Arcachon, et, le 25 juillet 1843, il l'inaugurait avec quelques amis en portant un toast : *A la ville future...* Vœu prophétique, dont l'expression semblait alors purement dérisoire, et qui pourtant devait être si vite accompli.

A la même époque, M. Jehenne, de Bordeaux, et Mme Lafon, sa fille, qui avaient, eux aussi, une foi profonde dans l'avenir d'Arcachon, firent bâtir deux maisonnettes en bois, l'une à côté de M. Lamarque, l'autre un peu plus à l'est. L'année suivante, Mme veuve Lavialle et M. Moureau, de La

Teste, suivirent leur exemple, et, de 1845 à 1847, on vit s'élever, sur divers points de la côte, les maisons de MM. Hovy, Mestrezat, Mérillon, Nathaniel Johnston, Cutler, de Marpon, Davanseaux et l'abbé Bataille, de Bordeaux, et celles de MM. Bestaven, Dmokowski, Munié, Lestout, Oscar Dejean, Vénot, J.-B^te Dejean, Dumora, Lussan et Lhotellerie, de La Teste, qui tous contribuèrent ainsi à donner une impulsion vigoureuse au développement de la naissante cité.

De nouvelles constructions se préparaient encore lorsque la révolution de 1848 vint jeter l'inquiétude et le découragement dans les esprits : l'exécution de tous les projets fut aussitôt ajournée et les acquisitions de terrains cessèrent presque complètement.

Une grande amélioration fut cependant réalisée à Arcachon pendant les derniers mois de cette année et le commencement de 1849. L'État avait déjà, dès la fin de 1845, fait achever, sous l'habile direction de M. Alphand, aujourd'hui ingénieur en chef, directeur des plantations et promenades de la ville de Paris, et membre du Conseil général de la Gironde, la construction du débarcadère d'Eyrac et de la portion de route qui s'étend depuis La Teste jusqu'aux bâtiments du débarcadère ; mais, à partir de ce point, la voie n'était pas même tracée, et c'était uniquement à travers les broussailles de la

ton, fut acceptée par le Conseil, qui, non seulement pourvut aux frais d'entretien, mais encore vota unanimement, dans sa séance du 31 août, une allocation de 3,000 fr., destinée à compléter, avec la souscription des propriétaires, la somme de 12,000 fr., reconnue nécessaire pour l'achèvement de la route jusqu'à l'allée de la chapelle.

Dès la fin de juillet 1852, M. Lamarque de Plaisance avait été appelé aux fonctions de maire de La Teste et d'Arcachon, en remplacement de M. Bestaven, démissionnaire, qu'une mort prématurée vient d'enlever naguère à l'estime et à l'affection de la contrée tout entière.

Le 4 octobre suivant, M. Magne, ministre des travaux publics, vint officiellement visiter, pour la première fois, le bassin d'Arcachon, sur lequel il daigna, quelques jours après, appeler l'attention du Prince Président, qui accomplissait alors son mémorable voyage dans le Midi et arriva le 7 octobre à Bordeaux.

Pendant l'année 1853, le nombre des maisons s'accrut encore sensiblement. La route fut entièrement achevée ; des réverbères furent établis, aux frais des propriétaires, depuis le Mouëng jusqu'à la chapelle, et de grandes fêtes de charité eurent lieu les 24 juillet, 21 août et 18 septembre. La quantité de baigneurs fut considérable pendant toute la saison. À la fin d'août, Arcachon posséda, une journée entière, S. Exc. le maréchal de Saint-Arnaud, ministre de la guerre, qui présidait alors le Conseil général de la Gironde, et qui, sept mois plus tard, partait pour la campagne de Crimée, où, après avoir conduit nos soldats à la victoire, il terminait héroïquement sa glorieuse carrière.

En 1854, de nouveaux progrès s'accomplirent. La chapelle de Notre-Dame d'Arcachon fut érigée en succursale ; les voies publiques furent arrosées, pendant tout l'été, aux frais des propriétaires, qui continuèrent à subvenir aux dépenses de l'éclairage ; S. Ém. le Cardinal-Archevêque de Bordeaux bénit solennellement, le 8 août, la nouvelle paroisse, et inaugura les processions sur l'eau. Le 20 septembre, enfin, le jour même où le maréchal de Saint-Arnaud triomphait sur les rives de l'Alma, S. Exc. M. Magne, ministre de l'agriculture, du commerce et des travaux publics, venait, pour la seconde fois, visiter le bassin d'Arcachon, et donnait aux ingénieurs qui l'accompagnaient l'ordre de commencer immédiatement les études relatives à l'amélioration des passes et à la création du port de refuge.

Dès la fin de 1854, une Commission, composée de cinq propriétaires des forêts usagères et de dix membres des conseils municipaux de La Teste et Gujan, avait posé les bases d'une transaction pour le rachat des droits d'usage dans la forêt d'Arcachon ; le 17 juillet 1855, un acte authentique, passé devant les notaires Dumora et Dignac, régla définitivement les conditions de ce rachat.

L'année 1855 vit également s'élever, dans le quartier du Mouëng, la chapelle Saint-Ferdinand, qui fut livrée au culte à partir du 15 juillet. Pendant l'hiver, on entreprit la construction des trottoirs de chaque côté de la route départementale ; cette dépense fut faite, en grande partie, par les propriétaires.

Cependant, une feuille publique est nécessaire au développement du pays ; M. Lamarque de Plaisance fait appel à quelques hommes dévoués, il se place à leur tête, et, le 15 juin 1856, paraît le premier numéro du *Journal d'Arcachon*, qui prend tout de suite une place honorable dans la presse de la Gironde.

Le 31 mai de la même année, un vicariat est créé dans la paroisse d'Arcachon, que, malgré tout son zèle, M. le Curé ne peut plus desservir seul ; et, le 6 juillet, S. Ém. le cardinal Donnet, accompagné de LL. GG. les Évêques de Nevers, de Gap et de Saint-Flour, vient poser la première pierre de la nouvelle église paroissiale, et consacrer à la Vierge la Société de secours mutuels de Notre-Dame d'Arcachon, formée, en 1856, entre les marins compris dans la circonscription maritime du quartier de La Teste.

Le 27 septembre 1856, M. Rouher, ministre de l'agriculture, du commerce et des travaux publics, arrive à La Teste, accompagné de M. de Franqueville, conseiller d'État, directeur général des ponts-et-chaussées et des chemins de fer, de M. de Mentque, préfet de la Gironde, de M. Payen, inspecteur général, et de M. Droëling, ingénieur en chef des ponts-et-chaussées. Son Excellence, après avoir examiné les études du prolongement du chemin de fer jusqu'à Arcachon et en avoir décidé l'exécution prochaine, se fait présenter, sur le bord même du rivage, les plans des travaux à exécuter pour l'amélioration des passes et la création d'un port dans le Bassin ; il discute, avec les hommes de l'art qui l'entourent, les moyens à employer pour l'exécution du projet, le chiffre des sommes à dépenser annuellement, et il exprime tout l'intérêt que le Gouvernement porte à ces travaux, son vif désir de réaliser le plus tôt possible les légitimes espérances que les études prescrites ont fait naître.

Mais le moment est venu où Arcachon, sentant toute sa force, veut secouer les langes de son berceau et vivre de sa propre vie. Il renferme deux cent quatre-vingt trois maisons, quatre cents habitants sédentaires et une population flottante très-considérable.

Déjà cent treize propriétaires ou habitants avaient signé un mémoire par lequel ils réclamaient que cette section fût séparée de La Teste et érigée en commune distincte ; leur demande fut officielle-ment adressée à l'autorité supérieure.

Le préfet de la Gironde, M. de Mentque, qui, depuis les premiers jours de son arrivée à Bordeaux ne cesse pas d'entourer Arcachon de la plus bien-veillante sollicitude, et, suivant une de ses aima-bles expressions, le traite en enfant gâté, comprit aussitôt tout l'intérêt que cette séparation présen-tait pour l'avenir de la plage ; il prescrivit les en-quêtes ordonnées par la loi du 18 juillet 1837 et la formation d'une Commission syndicale appelée à donner son avis sur le projet. Les électeurs arrê-tèrent leurs choix sur MM. le général de Tartas, Assier de Montferrier, Célérier, Couve, Dasté, John Durand, Nath. Johnston, Mérillon, le baron Portal et Thomas Lussan.

L'enquête ouverte à Arcachon fut unanimement favorable au projet ; celle qui eut lieu à La Teste fut au contraire entièrement défavorable. Mais le Conseil municipal de La Teste, assisté des contri-buables les plus imposés, après un examen sérieux et une discussion approfondie, déclara, dans sa séance du 8 mai 1856, à la majorité de treize voix contre onze, ne pas s'opposer à l'érection en com-mune de la section d'Arcachon, aux conditions sui-vantes :

1° Engagement, par la nouvelle commune, de

payer la moitié de l'emprunt contracté en vertu d'un décret du 29 août 1854 ;

2° Renonciation à toute part dans l'actif des ressources communales ;

3° Renonciation, pour le présent et pour l'avenir, à toute participation dans le produit du rachat des droits d'usage ;

4° Engagement de payer la moitié des dépenses qui pourront être imposées à la commune de La Teste pour l'entretien des routes agricoles ;

5° Délimitation de la nouvelle commune par une ligne partant de la pointe de l'Aiguillon, allant directement, en passant par le poste des douanes de Moulleau inclusivement, jusques dans le chenal à cinq cents mètres du rivage, et de ce point à un autre pris également dans le Bassin, à cinq cents mètres de la pointe de Bernet; de celui-ci à un troisième point pris dans le Bassin, à cinq cents mètres au nord du quai en pierre du débarcadère, limite de la haute mer, et de là rejoignant, par une ligne droite, le point de départ à l'Aiguillon.

La commission syndicale, dont le brave général de Tartas, si dévoué aux intérêts d'Arcachon, avait bien voulu accepter la présidence, souscrivit à toutes les conditions mentionnées dans la délibération du Conseil municipal de La Teste.

Le Conseil d'arrondissement de Bordeaux et le Conseil général de la Gironde exprimèrent un avis favorable, et, par décret impérial du 2 mai 1857, Arcachon fut érigé en commune distincte.

Un arrêté de M. le Préfet de la Gironde, en date du 23 mai, nomma maire d'Arcachon M. Lamarque de Plaisance, qui remplissait depuis le mois de juillet 1852 les fonctions de maire de La Teste. Le 7 juin suivant, les élections eurent lieu dans la nouvelle commune, et le Conseil minicipal, installé le 28 du même mois, fut composé de MM. Célérier, Couve, F. Calvé, Nath. Johnston, F. Gièze, Fonteneau, J.-B. Durand, Oscar Dejean, Dasté et Thomas Lussan.

Ainsi fut consommée la séparation administrative de La Teste et d'Arcachon, séparation devenue indispensable aux intérêts bien entendus, aux besoins sainement appréciés des deux communes, libres désormais de réaliser, chacune de son côté, les améliorations qui leur seront plus spécialement nécessaires.

Et maintenant, si, avant de terminer ce chapitre, élargissant le cadre dans lequel nous nous sommes renfermé jusqu'ici, nous abandonnons le domaine du passé pour jeter un regard devant nous, quel avenir n'apercevons-nous pas à l'horizon pour ce pays béni de Dieu ! Depuis dix-sept ans, reliées avec Bordeaux par un *rail-way,* les deux communes de La Teste et d'Arcachon le sont aujourd'hui avec Paris, Strasbourg, Lyon, Marseille, Bayonne,

Nantes, Rouen, Le Havre, Lille et presque toute la France; bientôt elles le seront avec l'Europe entière. Les bains de mer du bassin d'Arcachon deviennent chaque jour plus connus et plus fréquentés. Cette magnifique baie, si admirablement disposée par la nature pour devenir un des plus beaux ports du monde, attire enfin une sérieuse attention, et va voir se réaliser ses brillantes destinées. Tout concourt donc à la fois pour rendre à cette terre, qui vit, il y a quatorze siècles, disparaître l'opulente Boïos, toute sa grandeur et sa prospérité passées.

IV.

ÉTAT ACTUEL D'ARCACHON. — RENSEIGNEMENTS DIVERS.

Le territoire de la commune d'Arcachon présente une superficie de onze cents hectares, et la plage un développement de sept kilomètres et demi depuis la pointe de l'Aiguillon jusqu'au poste des douanes de Moulleau ; la chapelle Notre-Dame d'Arcachon est à une égale distance de ces deux points. Le nombre des maisons, chalets, hôtels, voire même châteaux, qui par leur variété d'architecture, de dimensions, de style, de couleur et de position forment ensemble le plus pittoresque effet, s'élève à trois cent douze. La population sédentaire est de cinq cents habitants ; pendant l'été, le chiffre permanent de la population flottante est de trois mille âmes, et il s'élève parfois, les dimanches et jours de fête, jusqu'à dix mille.

L'administration municipale de la nouvelle commune était à peine organisée qu'elle décidait, dans sa séance même d'installation, le 28 juin 1857 :

1° La création d'un service communal d'arrosage des voies publiques ;

2° L'organisation d'un service semblable pour l'enlèvement des bourriers ;

3° Le remplacement de l'éclairage à l'huile, employé jusqu'à ce moment, par un nouveau système de réverbères au gazogène ;

4° Enfin, l'établissement de bornes-fontaines pour distribuer l'eau provenant du puits filtrant dont M. le Préfet de la Gironde a bien voulu doter Arcachon sur les fonds de l'État, auxquels le Conseil municipal a ajouté la somme nécessaire pour porter, de un mètre, dimension adoptée par l'administration, à un mètre cinquante centimètres, le diamètre de ce puits, afin qu'il pût suffire à tous les besoins de la localité.

Le début de la saison de 1858 a vu réaliser ces importantes améliorations.

Soixante-cinq candélabres en fonte de fer sont établis sur le boulevard de la Plage, sur la place Sainte-Anne et sur l'allée Notre-Dame. Les anciens réverbères ont été provisoirement reportés dans les rues transversales, où on les utilise en attendant qu'ils puissent être remplacés par des candélabres.

Neuf bornes-fontaines, également en fonte de fer, sont placées : huit sur le boulevard de la Plage, à trois cent quatre-vingts mètres de distance l'une de l'autre, et une sur la place Sainte-Anne ; elles débitent gratuitement, à tous les habitants, de l'eau claire, limpide et d'un goût excellent. Le château-d'eau est situé au-dessus du puits, sur le chemin vicinal qui longe l'hôtel Legallais ; il a huit mètres d'élévation et contient quinze mille litres.

Les services de l'arrosage et de l'enlèvement des bourriers sont également bien organisés, et marchent avec une régularité parfaite.

Il y a, d'ailleurs, cela de remarquable à Arcachon, c'est que l'on sent l'influence d'une direction ferme et sage jusques dans les moindres détails de l'administration locale. Le Conseil municipal, qui a des vues larges, n'apporte aucune lenteur dans ses décisions ; le maire, de son côté, joint à l'intelligente initiative qui recherche et découvre les innovations utiles le zèle persévérant qui les fait réussir et fructifier.

Sans doute, nous sommes heureux de le constater, on a déjà beaucoup fait ; mais il reste encore beaucoup à faire, et de nouveaux sacrifices sont indispensables pour réaliser tout ce qu'on peut attendre d'Arcachon. Que son édilité, ses habitants, ses industriels, ses propriétaires continuent donc à marcher résolument dans la voie du progrès ; l'avenir ne leur fera pas défaut.

La nature n'a-t-elle pas, en effet, traité ce pays avec une admirable libéralité ? « Quoi de plus riant, — dit M. J. Saint-Rieul-Dupouy, dans la charmante lettre à M. Félix Solar, publiée par le *Journal d'Arcachon*, — quoi de plus riant, de plus pittoresque et de plus salubre à la fois que ces bords où vous respirez à pleins poumons l'odeur balsamique des pins et des mélèzes, mêlée aux vapeurs de l'algue marine ? — Là, on s'endort le soir, et l'on s'éveille le matin aux sombres et poétiques murmures de la forêt, du vent et de la mer, qui ont parfois entre eux de ces colloques sinistres qu'on prendrait pour le grand dialogue de la terre avec le ciel ! — Il s'exhale enfin de toute cette nature sauvage et de ces paysages aux lignes sévères et tristes, une mélancolie qui fait doucement rêver.

» Les bains de mer d'Arcachon ne ressemblent en rien à tous les autres. — Ce n'est ni Ostende, ni les Sables-d'Olonne, ni Boulogne, ni Dieppe, où, sous prétexte de repos, on va chercher la fatigue. — Partout, dans ces prétendus lieux de plaisir, on retrouve le bruit, l'agitation, la foule, les commérages, les exigences et les tyrannies du monde ; c'est toujours la ville, et, qui pis est, la petite ville de province; on est là pour parader, pour poser, pour se faire voir; les journées se passent en toilettes, et, le soir, on fait salon. — Il n'y a dans cette vie ni calme, ni indépendance, ni liberté, ni repos.

» A Arcachon, au contraire, seul à seul avec la nature entière, il semble que vous soyez isolé et retranché du reste des hommes. — Arcachon est une sorte d'Océanie française; c'est Taïti à quelques kilomètres de Bordeaux; la vie sauvage à une portée de fusil du foyer de la civilisation.

» Tous les ans, pendant les mois de juin, de juillet, d'août, de septembre et d'octobre, le Bordeaux opulent et riche est à Arcachon. — Angoulême, Poitiers, Nantes, tout le bassin de la Garonne jusqu'à Toulouse, sans compter Paris et l'Espagne, qui a pourtant Biarritz, envoient aussi un nombre considérable de baigneurs à Arcachon. — Chaque année, Paris s'y trouve représenté par les plus grands noms de la finance et de l'aristocratie; et toute cette petite colonie d'hommes élégants et de femmes jeunes et charmantes, échappée aux ennuis tyranniques de l'étiquette, y vit dans le laisser-aller le plus champêtre. — C'est ainsi que Marie-Antoinette se désennuyait à Trianon, dont elle avait fait une bergerie, des fatigues de la royauté, et que la reine de France battait le beurre et faisait du fromage comme une simple fermière. — Arca-

chon est le Trianon de nos Bordelaises mondaines.
— Là, tout le jour, les enfants, pieds nus, bar-
botent comme des canards dans le sable humide
de la plage. — On se baigne, on va à la pêche, on
se perd dans la forêt, et, le soir, à l'heure où la
mer mugit, où la lune se lève, où les grands pins
font entendre leurs harmonies sauvages, les sons
de quelque piano, accompagnant quelque délicieuse
voix de femme, viennent se mêler à la plainte
des flots doucement agités. — La forêt d'Arcachon, qui jusqu'ici n'avait jamais entendu que le
chant sinistre du hibou nocturne et le cri strident
des cigales, a maintenant ses fauvettes, qui, chaque soir, chantent aux étoiles !

» Arcachon, mon cher Solar, possède aujour-
d'hui près de cinq kilomètres de maisons bordant
la plage, et plusieurs d'entre elles ne le cèdent en
rien, pour l'élégance intérieure et extérieure, aux
plus confortables habitations d'Enghien et de Montmorency.

» Connaissant, mon cher ami, vos goûts simples
et votre amour du calme, je suis persuadé que
vous aimeriez Arcachon ; car Arcachon, c'est le
repos, avec l'agrément d'une société intime et
choisie, au lieu de la cohue et du désagrément de
se voir heurté ailleurs à chaque instant par toutes
sortes de gens absurdes et ennuyeux.

» Dans presque toutes les villes de bains de mer,

vous passez le jour enfermé dans votre chambre à cause de la chaleur, logé que vous êtes dans des rues étroites, et il vous faut aller chercher fort loin votre bain dans des conches où des milliers de personnes se baignent en même temps que vous. — A Arcachon, au contraire, vous êtes tout le jour assis nonchalamment à l'ombre, sur le devant de votre petite maison, qui baigne ses pieds dans la mer, respirant cet air tout chargé d'effluves pélasgiennes et du parfum des pins que le vent vous apporte de cette immense forêt qui n'a pas moins de cinquante lieues et va jusqu'en Espagne. — De votre lit, vous pouvez descendre au bain. — Arcachon, enfin, offre toutes les conditions hygiéniques et tous ces puissants auxiliaires qui complètent l'action des bains de mer : l'insolation constante, l'exercice, par le fait de l'ascension des dunes, et surtout la généreuse et perpétuelle influence de cet air vif, tonique, pénétrant, à la fois salé et aromatique, qui, après s'être purifié dans sa course à travers l'Océan, vient, riche de l'oxygène expiré par des myriades d'infusoires, rafraîchir la plage de ses ondes vivifiantes. »

MAIRIE.

La mairie est située sur la place Sainte-Anne. Elle a été bâtie d'après les plans dressés par

M. Dmokowski, conducteur des ponts-et-chaussées, à qui Arcachon doit plusieurs de ses jolies
villas, et notamment le délicieux chalet de M. le
général de Tartas.

Commencée le 26 avril 1858, elle a été terminée en juillet de la même année. Le rez-de-chaus-
sée est entièrement consacré à la halle et à des
magasins de comestibles ; le premier étage renferme la salle du Conseil municipal, le cabinet du
maire, les bureaux et un logement pour le poste
de gendarmerie détaché à Arcachon pendant la
saison des bains ; au second étage sont la salle des
archives, le logement du concierge, etc.

POSTE AUX LETTRES.

Par décision du 20 mars 1858, S. Exc. M. le
Ministre des finances a créé un bureau de distribution à Arcachon, qui était auparavant desservi
par La Teste. Ce bureau est installé, boulevard de
la Plage, n° 104, depuis le 16 mai 1858. Deux
boîtes aux lettres supplémentaires sont établies,
comme précédemment, boulevard de la Plage,
n°s 36 et 178. Il y a deux distributions et deux
départs par jour.

HOTELS ET RESTAURANTS.

Comme toutes les villes de bains, Arcachon renferme une grande quantité d'hôtels et de restaurants. Voici la nomenclature des principaux, d'après l'ordre dans lequel ils sont situés, en commençant par l'extrémité Est de la plage :

1° *Hôtel du Périgord.* C'est l'ancien établissement Lesca, dont nous avons déjà parlé ; il appartient aujourd'hui à M. Laforêt ;

2° *Hôtel et Restaurant d'Arcachon*, boulevard de la Plage, 206, fondé en 1847 et dirigé par le pâtissier Thomas Lussan ;

3° *Hôtel Gailhard et Restaurant d'Eyrac*, boulevard de la Plage, 178, fondé en 1852 par M. Joseph Gailhard, et tenu maintenant par sa mère, ses sœurs, et M. Sigaudès, son beau-frère ;

4° *Hôtel des Empereurs*, boulevard de la Plage, 245, fondé en 1836 par M. Tindel, exploité ensuite par les frères Gailhard, et tenu aujourd'hui par M. Duplanté ;

5° *Hôtel et Restaurant Bordelais* du pâtissier Dessans, boulevard de la Plage, 152 ;

6° *Hôtel Legallais*, boulevard de la Plage, 217. Il a été créé, nous l'avons dit, en 1823 ; depuis cette époque, il a été considérablement agrandi et amélioré. Il est tenu par M. Legallais fils aîné ;

7° *Buffet-restaurant du Chemin de Fer*, tenu par M. Lindy, à la Gare ;

8° *Restaurant du Chemin de Fer*, boulevard de la Plage, 124, tenu par M. Coustès ;

9° *Hôtel de France,* boulevard de la Plage, 171, tenu par M. Grenier ;

10° *Restaurant du Rocher de Cancale,* boulevard de la Plage, 88, tenu par M. Larrue ;

11° *Hôtel Bellevue,* boulevard de la Plage, 82, fondé en 1852 par M. Dasté, et tenu aujourd'hui par M. Lacombe ;

12° *Restaurant de l'Étoile des Mers,* boulevard de la Plage, 50, tenu par M. Rechka ;

13° *Hôtel de la Providence,* boulevard de la Plage, 38, fondé et tenu par M. Boyrie ;

14° *Restaurant de N.-D. d'Arcachon,* boulevard de la Plage, 33, tenu par MM. Lavergne et Jay.

MAISONS MEUBLÉES.

A l'exception de quelques-unes, que les propriétaires gardent exclusivement pour eux, toutes les maisons d'Arcachon se louent pendant la saison des bains. Elles ont été construites dans ce but, et présentent des agréments et des commodités que l'on ne trouve pas toujours ailleurs. Les unes, bâties sur le bord de la plage, se mirent avec coquetterie dans l'eau calme et limpide du Bassin ; les autres, délicieusement assises dans la forêt, sont entourées de pins séculaires et d'arbousiers toujours verts : toutes, sous l'influence des évaporations salines de la mer combinées avec les émanations balsamiques de la forêt, et ayant chacune ses fleurs, sa verdure, son ombrage.

Les locations se font ordinairement au mois ou à la quinzaine. Il y en a de tous les prix, depuis 40 fr. par mois pour une seule chambre, jusqu'à 12 et 1,500 fr. pour une vaste et belle maison contenant salons, salle à manger, chambres à coucher, cabinets, cuisines, etc., etc.

A part le linge et l'argenterie, qui ne sont fournis qu'exceptionnellement, on trouve dans toutes les maisons, qu'elles soient grandes ou petites, simples ou luxueuses, le mobilier et les ustensiles nécessaires ; le plus ou moins de recherche et de confortable varient seuls avec l'importance du local.

Le mois d'août est celui où les locations sont au prix le plus élevé ; le mois de septembre vient après, juillet ensuite, et enfin juin et octobre, qui sont sur la même ligne. La saison des bains se compose de ces cinq mois ; pendant tout le reste de l'année, — car les étrangers commencent à demeurer à Arcachon même en hiver, — les loyers sont excessivement bon marché.

SERVICE MÉDICAL.

M. le docteur Émile Pereyra, de Bordeaux, médecin-inspecteur des bains d'Arcachon, boulevard de la Plage, 135.

M. le docteur Hameau, de La Teste, médecin-inspecteur-adjoint, boulevard de la Plage, 37.

M. le docteur A. Lalesque aîné, médecin de l'hôpital Saint-Aimé de La Teste, boulevard de la Plage, 104.

M. le docteur Lalanne, médecin-adjoint de l'hôpital de La Teste, au Mouëng.

M. le docteur Jules Lalesque, de La Teste, boulevard de la Plage, 104.

M. le docteur Lafargue, de Saint-Émilion, à l'hôtel Legallais.

Pharmacie, boulevard de la Plage, 104.

PRESSE LOCALE.

Journal d'Arcachon, fondé en 1856 par M. Lamarque de Plaisance, et dirigé depuis 1857 par M. Alexandre Vincent. Bureaux : à Arcachon, boulevard de la Plage, 96, et à Bordeaux, place Sainte-Eulalie, 9.

Phare d'Arcachon, fondé en 1858 et dirigé par M. Jean Lacou. Bureaux : à Arcachon, boulevard de la Plage, 108, et à Bordeaux, rue des Treilles, 7.

LIBRAIRIE ET CABINET DE LECTURE.

M. Jean Lacou, boulevard de la Plage, 108, joint à son commerce de librairie un cabinet de lecture. Il a également un dépôt de cartes marines.

SALON DE LECTURE.

Mme Vincent a ouvert, depuis l'année 1858, un salon de lecture, boulevard de la Plage, 96. On y trouve une grande quantité de journaux français, quotidiens, hebdomadaires et mensuels, et plusieurs journaux étrangers, notamment le *Times*, le *Nord* et la *Gazette de Madrid*.

DÉBITS DE TABAC.

Il y en a deux : l'un à l'hôtel Legallais, et l'autre boulevard de la Plage, 44. A ce dernier est joint un débit de poudre de chasse.

MARCHÉS.

Un marché quotidien de comestibles a été autorisé par arrêté préfectoral du 6 octobre 1854. Pendant les trois premières années, il a été provisoirement tenu sur l'esplanade du Débarcadère ; il est définitivement installé, depuis 1858, sur la place Sainte-Anne et sous la halle de la Mairie. Il a lieu tous les jours jusqu'à midi.

Une succursale de ce marché vient d'être établie sur un terrain fourni par M. Hovy, boulevard de la Plage, 225.

La liste des marchands, artisans, industriels, etc., établis à Arcachon, est à la fin du volume.

V.

ÉDIFICES RELIGIEUX.

Les édifices du culte catholique ne manquent pas à Arcachon ; et, tandis que beaucoup d'anciennes paroisses s'efforcent vainement d'obtenir une église convenable, celle-ci, qui ne date que de quelques années, en possède déjà deux : la chapelle Notre-Dame, devenue, en 1854, l'église paroissiale ; et la chapelle Saint-Ferdinand, bâtie, en 1855, dans le quartier du Mouëng.

Le culte protestant a également un temple à Arcachon depuis le mois de juillet 1858, grâce à MM. Hovy, Hernozant et quelques autres de leurs plus zélés coreligionnaires, qui, en attendant de pouvoir construire un édifice en rapport avec l'importance du pays, ont affermé un vaste local, très-convenablement disposé. Ce temple est situé boulevard de la Plage, 120, à peu de distance du Débarcadère, et se trouve ainsi à portée de toute la partie la plus populeuse de la plage.

CHAPELLE DE NOTRE-DAME D'ARCACHON.

Un des plus anciens captaux de Buch, *Pierre de Bordeaux,* seigneur de Puypaulin et de Castelnau en Médoc, avait fondé, en 1247, dans cette ville de Bordeaux dont il portait le nom, un couvent de Cordeliers de la grande observance de saint François d'Assise.

Environ deux cents ans plus tard, vers la fin du quinzième siècle, un religieux de cet ordre, le frère *Thomas Illyricus,* après avoir ravi et édifié l'Italie par son éloquence et sa sainteté, arriva d'Ancône à Bordeaux, pour s'y livrer à la prédication. Une large place existait à l'entrée du couvent de la Grande-Observance ; ce fut là qu'il établit sa chaire, les plus vastes églises étant insuffisantes pour contenir la foule qui se pressait autour de lui, avide d'entendre sa parole.

Doué d'un zèle ardent et d'une grande puissance d'élocution, Illyricus travaillait depuis longtemps, avec un rare succès, au salut de ses frères, lorsqu'il sentit qu'après tant de triomphes et de labeurs, son âme avait besoin de recueillement et de solitude. Il partit de Bordeaux, et gagna, à travers les landes, les dunes du bassin d'Arcachon. Arrivé en face du cap Ferret, il fut frappé de la splendide beauté du tableau qui se déroulait devant ses yeux, en même temps que de la désolation qui régnait autour de lui, et il s'établit aussitôt dans ce désert aride, qui lui offrait à la fois la mortification du corps par les privations inhérentes à un pareil sé- jour, et l'élévation de l'âme par la contemplation des œuvres de Dieu.

Il vécut là plusieurs années, se livrant tour à tour à la prière, à l'étude, à la méditation, et il écrivit l'ouvrage intitulé : *Qualités d'un vrai prélat.*

De la cabane de chaume qu'il habitait, vis-à-vis l'entrée du Bassin, le frère Thomas aperçut un jour, pendant la plus affreuse tempête, deux pau- vres navires, que la violence des vents et de la mer allait jeter sur la côte inhospitalière de l'Océan, où leur perte était assurée. A la vue de ce naufrage imminent, le pieux Cordelier s'élance hors de sa demeure, il tombe à genoux, trace du doigt sur le sable le signe de la croix, et adresse au Dieu des miséricordes, par l'intermédiaire de Marie, une ardente prière. Soudain, *chose non jamais vue,* dit la chronique, les vents et la mer s'apaisent, la tempête cesse, et les deux navires, gagnant paisi- blement le large, continuent leur route sans danger.

Peu de jours après, sur le lieu même où il avait obtenu cette miraculeuse délivrance, le vénérable ermite trouvait, à demi couverte par les sables de la plage, une petite statue de la Vierge... Les dégradations qu'a subies cette sainte image indiquent assez qu'elle a été longtemps ballotée par les flots, et qu'elle provient d'un naufrage. Sculptée dans un bloc d'albâtre, elle a cinquante centimètres de hauteur ; la Mère de Dieu est représentée assise, tenant l'Enfant Jésus sur son bras droit, et drapée dans un manteau oriental qui ne laisse apercevoir que l'extrémité de ses pieds. Par sa forme plate et les divers détails de son exécution, cette statue paraît dater du *treizième siècle*. Le frère Thomas la recueille avec un saint respect ; il la transporte dans sa chaumière, et bientôt, à un kilomètre environ au sud-ouest du lieu où se trouve aujourd'hui la chapelle, il élève, en l'année 1488, un Oratoire en bois, qu'il dédie à *Notre-Dame d'Arcachon,* et dans lequel il place la statue de l'Étoile des Mers, si miraculeusement trouvée sur la côte.

S. Ém. le cardinal André d'Espinay était, à cette époque, archevêque de Bordeaux.

Objet de la vénération des marins du littoral, cet humble Oratoire reçut leurs modestes offrandes. Il excita alors la convoitise de quelques pirates, qui, profitant de l'absence de l'ermite, vinrent piller la chapelle ; mais, à peine eurent-ils levé l'ancre pour franchir la barre, qu'ils touchèrent sur un banc de sable, et, quoique le temps fût calme et serein, ils périrent corps et biens, en vue du lieu qu'ils avaient osé profaner.

Cet événement remarquable, qui ,fit, dans le pays, une profonde sensation, rendit plus vive encore la foi des habitants de la contrée, et donna un nouvel essor à leur dévotion envers Notre-Dame d'Arcachon.

La piété des fidèles eut promptement réparé les dégâts commis par les forbans, et l'on pourvut alors l'Oratoire d'une cloche, qui fut posée au sommet de la façade de l'édifice, sous un petit toit supporté par quatre colonnettes et surmonté d'une croix.

Le frère Thomas Illyricus mourut sur ce rivage, qu'il avait placé sous la protection spéciale de Marie, et auquel il voulut laisser sa dépouille mortelle comme un dernier gage de dévoûment et d'affection. Il fut inhumé derrière le chevet de l'Oratoire, au pied d'un des chênes qu'il avait plantés lui-même.

Un religieux du même ordre vint le remplacer, et les Cordeliers de la Grande-Observance continuèrent ainsi de desservir la chapelle. La nomination était faite par l'archevêque de Bordeaux, sur la présentation du Provincial de l'ordre. Le curé de La Teste exerçait, en outre, un droit de surveillance, et l'administration temporelle était confiée à un marguiller spécial, élu par l'assemblée paroissiale et faisant partie du Conseil de fabrique de La Teste.

Cependant le pèlerinage de Notre-Dame d'Arcachon avait grandi ; plus d'un siècle s'était écoulé depuis la construction de l'Oratoire primitif, que, par respect pour la mémoire d'Illyricus, on avait toujours laissé dans le même état, se bornant à y faire de simples réparations d'entretien. Le 16 janvier 1624, Son Ém. le cardinal François de Sourdis, ayant reconnu que cette chapelle était insuffisante et incommode, autorisa le religieux qui la desservait à la réédifier en pierre, sur le même lieu, *sans toutefois que, pour ce faire, il pût aller à la quête hors de la paroisse de La Teste.*

Les intentions de l'illustre prélat furent ponctuellement suivies : on n'accepta aucune autre souscription que celle des habitants de La Teste, dont la pieuse générosité suffit amplement à toutes les dépenses. On se mit à l'œuvre, et, à la place de l'Oratoire en bois, on bâtit une chapelle en pierre, moins élégante peut-être, mais plus spacieuse et plus solide.

La construction de ce nouvel édifice eut du retentissement ; un plus grand nombre de pèlerins accourut de toutes parts, et, pour favoriser ce pieux empressement, le cardinal de Sourdis accorda à perpétuité, le 10 mars 1626, une indulgence de cent jours à tous les fidèles qui visiteraient la chapelle le jour de l'Annonciation, fête patronale de Notre-Dame d'Arcachon.

Le 11 mai suivant, Son Éminence invitait les habitants de la paroisse de Gujan, *où aucuns mou-raient subitement, de s'y rendre en procession au jour que le Vicaire adviserait, dimanche ou fête.* Ce conseil fut mis en pratique, et l'on n'in-voqua pas en vain la Consolatrice des affligés.

Deux siècles plus tard, à deux fois différentes, en 1832 et 1849, lorsque le choléra désolait ces contrées, la même confiance et les mêmes prières ont obtenu les mêmes grâces....

Pendant soixante-cinq ans, on ne fit à la nou-velle chapelle que les réparations indispensables à son entretien ; mais, au mois d'août 1689, sur l'or-dre de Mgr d'Anglure de Bourlemont, archevêque de Bordeaux, l'autel fut élargi et exhaussé, le sanc-tuaire orné d'une sainte-table en bois de noyer, la fenêtre de la sacristie fermée d'une grille en fer, et la petite porte de la chapelle pourvue d'une serrure dont la clé resta dans les mains de l'aumônier.

En 1695, une charpente neuve vint remplacer l'ancienne, qui tombait de vétusté.

De graves difficultés s'élevèrent, à cette occa-sion, entre l'aumônier d'Arcachon, le curé et la Fabrique de La Teste. Mgr de Bourlemont usa de son autorité pour les aplanir ; mais, peu d'années après, de nouvelles contestations ayant eu lieu, l'aumônier se retira, et le curé de La Teste demeura chargé de desservir la chapelle.

A cette époque, comme en 1488, le cap Ferret s'avançait vers le sud d'environ *quatre kilomètres de moins* qu'il ne le fait maintenant; la chapelle se trouvait ainsi placée directement vis-à-vis la passe, et cette heureuse situation permettait de voir en même temps *la grande et la petite mer*, l'Océan et le Bassin. Les marins, de leur côté, pouvaient parfaitement apercevoir du large le sanctuaire vénéré de leur auguste Protectrice. Mais, si une telle position avait son charme, elle avait aussi ses dangers. Poussés par le vent, les sables des dunes s'amassaient peu à peu le long des murs, et, dans une assemblée paroissiale du 13 avril 1719, le marguillier Jean Baleste-Guilhem déclara qu'il était urgent de prendre des mesures énergiques pour empêcher la disparition complète de la chapelle. Une commission fut immédiatement nommée; elle visita l'édifice, rechercha de son mieux quel était le meilleur parti à prendre, et, après bien des études, conclut à ce que les murs fussent exhaussés de six à sept pieds et l'intérieur comblé en proportion, afin d'asseoir la chapelle au sommet de la dune, position dans laquelle les sables devaient, d'après l'avis de la Commission, glisser contre les murs et ne plus s'y amonceler.

En réfléchissant davantage, on ne tarda pas à se convaincre de l'inutilité de ce travail. Quelques personnes pensèrent alors à transporter la chapelle dans un autre lieu ; mais cette proposition fut écartée, et l'on se mit de nouveau à chercher les moyens de conserver ce qui existait encore....

Deux années s'écoulèrent ainsi, pendant lesquelles le mal devint irréparable. Le 9 novembre 1721, M. Cocard, curé de La Teste, réunit l'assemblée paroissiale pour lui annoncer que les sables avaient entièrement couvert la chapelle depuis huit jours, et qu'il était désormais impossible de la reconstruire au même endroit. On s'adressa alors à Guillaume et Pierre Peyjehan, sieurs de Francon, qui cédèrent gratuitement, dans leur pièce de pins, dite de Binette, environ un journal de terrain pour la construction d'une nouvelle chapelle et de ses dépendances.

D'après l'autorisation de Mgr de Voyer de Paulmy d'Argenson, archevêque de Bordeaux, on construisit sur ce terrain, au commencement de 1722, un oratoire en planches, dans lequel on plaça provisoirement la statue de la sainte Vierge et tous les ornements que l'on put retirer de la chapelle ensablée. Les cérémonies du culte furent célébrées dans cet oratoire pendant toute la durée des travaux du nouvel édifice.

Le 4 octobre 1722, M. Penault, curé de La

Teste, qui avait succédé à M. Cocard, décédé, convoqua une assemblée paroissiale, dans laquelle le marguillier Jean Baleste-Guilhem annonça que la construction de la chapelle était en bonne voie d'exécution, mais que les fonds dont il était dépositaire se trouvaient épuisés, et qu'une somme de *huit cents livres* lui était encore absolument nécessaire pour achever les travaux. L'assemblée décida que cette somme serait prise dans la caisse de l'église de La Teste, qui, en diverses circonstances, avait eu recours à celle d'Arcachon ; et, à l'instant même, les huit cents livres furent comptées à Baleste-Guilhem.

Animé d'un zèle au-dessus de tout éloge, ce digne administrateur donna alors une vive impulsion aux travaux, qui furent entièrement terminés dès les premiers mois de l'année suivante.

La chapelle de 1624, comme l'oratoire du frère Thomas, n'avait qu'un seul autel ; on en éleva trois dans le nouvel édifice. Le maître-autel fut consacré à Marie et reçut la statue miraculeuse de l'Étoile des mers ; on dédia celui de droite à *sainte Anne,* mère de la sainte Vierge, et celui de gauche à *saint Clair.* Une seconde fête patronale fut également ajoutée à celle du 25 mars, jour de l'Annonciation : ce fut celle de sainte Anne, fixée au 26 juillet.

En même temps que le sanctuaire de Notre-

Dame d'Arcachon s'agrandissait, le pèlerinage devenait plus répandu. Le chiffre des recettes se ressentit bientôt de cet accroissement de pieux visiteurs, et, après avoir convenablement décoré le temple de Marie, on put construire, en 1727, auprès de la chapelle, une petite maison destinée au logement de l'aumônier, et qui prit le nom d'*ermitage*.

Néanmoins, le curé de La Teste demeura encore, jusqu'en 1729, chargé du service d'Arcachon. Le 27 mai de cette même année, les vicaires généraux de l'archevêché de Bordeaux, le siége vacant, nommèrent le frère *Étienne Laulan,* religieux cordelier de la grande observance de saint François d'Assise, « pour desservir la chapelle de » Notre-Dame d'Arcachon, y prêcher la parole de » Dieu, y administrer le sacrement de pénitence » et y faire le service accoutumé; » lui permettant, « pour son entretien et subsistance, de faire » la quête au lieu de la dite chapelle et aux envi- » rons.... »

Les Cordeliers continuèrent de fournir des aumôniers au sanctuaire de Notre-Dame d'Arcachon jusqu'en 1792, où le dernier d'entre eux dut quitter ce rivage sur lequel grondait la tempête révolutionnaire.

A cette époque de douloureuse mémoire, non contents d'avoir fermé la chapelle, les terroristes voulurent encore lui enlever sa cloche, ses ornements, ses vases sacrés, etc.; mais l'attitude que prit la population, aussitôt qu'elle connut l'ordre venu de Bordeaux à cet effet, en empêcha l'exécution.

Lorsque les édifices religieux furent, plus tard, rendus au culte, le service d'Arcachon revint de nouveau au curé de La Teste, qui se borna à aller dire des messes à la chapelle toutes les fois qu'elles lui étaient demandées, et à y célébrer les fêtes de l'Annonciation et de sainte Anne. La chapelle d'Arcachon étant la propriété de la Fabrique de La Teste, son administration temporelle appartint de droit à ce conseil, qui, néanmoins, pour respecter l'intention bien connue des personnes qui faisaient des oblations à Notre-Dame d'Arcachon, eut toujours soin de choisir, parmi ses membres, un trésorier spécial, et de ne point mêler les fonds de la chapelle avec ceux de l'église de La Teste.

C'est la chapelle de 1722 qui existe encore aujourd'hui, ainsi que le constate le millésime inscrit au haut de la façade.

Elle a la forme d'un carré long, au fond duquel, faisant face à l'entrée, sont les deux autels latéraux de sainte Anne et de saint Clair. Entre ces deux autels est un arceau, à partir duquel s'ouvre l'abside, plus étroite que ce qui précède et dont le fond est à pans coupés. La sacristie, qui a tout au plus dix mètres carrés de superficie, est à l'extrémité de l'abside ; elle est séparée du sanctuaire par une mince cloison en planches à laquelle est adossé le maître-autel, qui, comme les deux autres, fait face à la porte d'entrée.

La statue de Notre-Dame d'Arcachon est sur cet autel. La piété des fidèles l'a vêtue d'une superbe robe brodée, à paillettes d'or, et d'un très-beau voile en dentelle, qui laissent à peine voir la tête de Marie et celle de Jésus, sur chacune desquelles est une riche couronne. Plusieurs cœurs en argent, une chaîne et une croix en vermeil enrichies de pierreries, un scapulaire et quelques autres objets de dévotion dont le nombre augmente chaque jour, entourent le cou de la Vierge et retombent sur le devant de sa robe.

La chapelle a intérieurement vingt-six mètres quatre-vingt-dix centimètres de longueur, la sacristie comprise, huit mètres quarante-cinq centimètres de largeur de nef, et quatre mètres quarante centimètres de hauteur. Sa porte principale s'ouvre à l'ouest ; il y a, en outre, une petite porte de service du côté du midi, autrefois en regard de l'ancien ermitage.

Une grille en fer battu, d'un joli travail, sépare le chœur de la nef ; elle date de 1769. Une sainte-table en bois renferme les trois autels.

Intérieurement, les murs sont tout recouverts

de boiseries ; la voûte est également en planches :
la chapelle est par conséquent peinte en entier.
Les peintures faites en 1723 étaient l'œuvre d'un
artiste habile ; on n'en peut pas dire autant de celles
qui les ont remplacées en 1836, époque où la chapelle a été entièrement repeinte.

Les trois autels, la sainte-table et la chaire ont
été complètement restaurés en 1840 ; ce travail a
été fait avec assez d'intelligence et de goût.

A la voûte et aux murs de ce saint temple sont
suspendus de nombreux *ex-voto ;* les uns ont été
placés là par des marins que Marie a sauvés du
naufrage, les autres par des malades dont elle a
obtenu la guérison ; tous ils témoignent hautement
d'une religieuse confiance en la Vierge d'Arcachon,
et attestent avec quelle bonté cette tendre Mère
accueille les prières qui lui sont adressées.

Le péristyle, resplendissant de dorure, qui dé-
core actuellement la grande porte, n'existe que
depuis 1846 ; il a été substitué à un porche plus
modeste, construit en même temps que la chapelle,
et qui, du moins, était en rapport avec l'édifice.

Un escalier en pierres, jadis commode et gracieux, sert à gravir la petite dune sur laquelle est
située la chapelle. Depuis le bas de cet escalier
jusqu'au bord du Bassin s'étendait autrefois une
superbe avenue de chênes séculaires ; par un déplorable abus du *droit d'usage,* on a abattu ces

magnifiques arbres en 1852. Pour réparer autant que possible cet acte de vandalisme, l'administration municipale a fait planter, l'année suivante, l'allée de marronniers qui existe aujourd'hui.

En présence du prodigieux accroissement qu'avait pris Arcachon en 1853, le clergé de La Teste ne suffisait plus aux besoins du service religieux de cette importante section. Une commission fut instituée, par M. le Maire, pour étudier quelles seraient les meilleures mesures à prendre ; elle se composait de MM. Lamarque de Plaisance, maire, *président,* l'abbé Montariol, *vice-président,* Oscar Dejean, *secrétaire,* Bestaven, Célérier, J.-B. Dejean, Marichon, Marty, curé de La Teste, Moureau, de Joigny et Legallais fils aîné. Sur la demande de cette commission, l'avis du Conseil de fabrique de La Teste, celui du Conseil municipal, et grâce à l'appui toujours si bienveillant de S. Ém. le cardinal Donnet et de M. de Mentque, préfet de la Gironde, la chapelle de Notre-Dame a été érigée en succursale par décret impérial du 15 avril 1854. Quelques jours après, M. l'abbé Mouls était appelé à desservir la nouvelle paroisse, et, le 4 mai suivant, un Conseil de fabrique spécial prenait les rênes de l'administration temporelle de cette église.

Le 8 août de la même année, Son Éminence inaugurait les belles processions nautiques, qui, depuis lors, ont lieu tous les ans sur le bassin d'Arcachon, et dans lesquelles les marins du littoral portent en triomphe, sur les flots, la sainte image de leur auguste Patronne....

Dès la fin de 1854, une loterie, au capital de 60,000 fr., fut organisée par la Fabrique, pour aider à la reconstruction de la chapelle sur de plus vastes proportions. Par une lettre pastorale du 25 février 1855, S. Ém. le Cardinal-Archevêque de Bordeaux, recommanda cette œuvre importante *aux zélateurs des sanctuaires de Marie et à toutes les personnes généreuses que les bains de mer attirent sur la plage d'Arcachon.*

Pendant cette même année 1855, l'ancien ermitage, dont l'emplacement était indispensable pour la construction de la nouvelle chapelle, et qui, d'ailleurs, tombait de vétusté, a été remplacé par un presbytère plus convenable et plus solide, dont la gracieuse simplicité contribue à embellir les alentours du sanctuaire de Marie.

Une rustique croix de bois existait, depuis 1722, sur le bord du Bassin, à l'entrée de l'avenue de la chapelle; le temps, qui détruit tout, l'avait abattue.... Le 25 mars 1856, fête de l'Annonciation, une croix colossale a été élevée sur le même emplacement.

Par décision de S. Ém. le cardinal Antonelli, préfet de la congrégation de Notre-Dame de Lorette, en date du 23 mai 1856, la chapelle de

Notre-Dame d'Arcachon a été associée et agrégée à la *Santa Casa* ou maison de Lorette, pour jouir de toutes les faveurs spirituelles attachées à cette bienheureuse maison, qu'habitait la Vierge Marie à Nazareth, dans laquelle s'est accompli le mystère de l'Incarnation du Verbe, et qui a été transportée dans l'église de Lorette, où elle est conservée avec le plus grand soin.

Arcachon, tout le monde le répète, est la *patrie des enfants;* leur santé s'y fortifie, ou s'y répare lorsqu'elle est altérée, et quelques semaines de séjour sur cette plage, qui semble faite exprès pour eux, les métamorphose. Pour remercier la Providence de ce bienfait, M. le curé avait établi, dès l'année 1854, des cérémonies spéciales ; mais ce n'était pas assez : un grand nombre de mères chrétiennes ont désiré placer plus spécialement ces êtres chéris sous la protection de la Mère du Fils de Dieu. Une association, dans le genre de celles de la Propagation de la Foi et de la Sainte-Enfance, a été créée sous le titre d'*OEuvre des Enfants de Notre-Dame d'Arcachon.* Elle est présidée par Mme de Tartas, et compte déjà près de trois mille membres. On s'engage pour trois ans ; la cotisation est de cinq centimes par semaine. A partir de 1857, on célèbre et on continuera de célébrer pendant vingt ans, dans la chapelle de Notre-Dame d'Arcachon, une messe pour tous les membres de l'œuvre, les 25 mars, 15 août et 8 septembre.

Enfin, le 6 juillet 1856, — date précieuse au cœur de tous les enfants de Marie et surtout aux populations du littoral du Bassin, — S. Ém. le cardinal Donnet, assisté de LL. GG. les évêques de Nevers, de Gap et de Saint-Flour, après avoir consacré à la Vierge la Société de secours mutuels des marins du quartier de La Teste, a solennellement bénit et posé la première pierre de la nouvelle église de Notre-Dame d'Arcachon.

A cette occasion, Mgr Dufêtre, élevant, sur la plage même, son éloquente parole, s'écriait, au nom de la Vierge d'Arcachon : « *Da mihi spa-* » *tium !* Donnez-moi de l'espace ! agrandissez mon » sanctuaire, afin que tous mes enfants puissent » venir s'agenouiller à mes pieds, et recevoir les » témoignages de mon ineffable amour. »

Ces vœux seront accomplis.

Les travaux ont été sérieusement entrepris, le 1er mars 1858, sous l'habile direction de M. Gustave Alaux, architecte de Bordeaux, et, dans peu de temps, une vaste et belle église à trois nefs sera construite sur la verte colline où Marie est maintenant invoquée ; l'image de l'Étoile des mers couronnera le frontispice du nouveau sanctuaire, et une flèche élégante, assez élevée pour être aperçue de l'Océan comme du Bassin, fera planer sur ces rivages le signe sacré de la Rédemption !

CHAPELLE SAINT-FERDINAND.

Dès les premiers mois de leur installation, le Conseil de fabrique de la nouvelle paroisse et le zélé pasteur appelé à la desservir s'occupèrent activement de satisfaire aux besoins matériels du culte par la création d'édifices religieux, en rapport avec l'importance toujours croissante du pays. Après avoir voté la reconstruction de l'église paroissiale Notre-Dame d'Arcachon, ils décidèrent qu'une chapelle de secours serait élevée dans la partie Est de la plage, et ils firent appel à la pieuse générosité des habitants du Mouëng et d'Eyrac.

Un des principaux propriétaires, que l'on est toujours sûr de trouver au premier rang lorsqu'il s'agit de concourir au progrès d'Arcachon, M. P. Célérier, offrit à lui seul 12,000 fr. et un terrain de vingt mètres de façade sur quatre-vingts mètres de profondeur. Ce généreux exemple trouva bientôt des imitateurs, et, dans l'espace de quelques jours, une souscription de 13,000 fr. vint compléter la somme de 25,000 fr. présumée nécessaire pour la construction d'un édifice convenable. Voici les noms des souscripteurs, auxquels nous sommes heureux de rendre, ainsi qu'à M. Célérier, le témoignage de gratitude qu'ils ont si bien mérité : Mme veuve Herbeau, MM. Avisse, Bruel, Cléry, Dasté, Dignac, J.-B. Dejean, Délis, Dmokowski,

Dubos, Dumora aîné, Duplanté, Gailhard, Grenié, Irague, Lafon aîné, Lalanne, Lesca, Lhotellerie, Lussan (Thomas), Marchant, Morel, Mouliets, Peyiehan, Téchoueyres et Vénot.

Une délibération du Conseil de fabrique, en date du 15 octobre 1854, accepta la donation du terrain par M. Célérier, ainsi que la somme de 25,000 francs offerte par les souscripteurs, et adopta les plans et devis, dressés par M. Monpermey, architecte-entrepreneur à La Teste.

Commencés au mois de janvier 1855, les travaux furent exécutés avec une activité remarquable, et, le 15 juillet de la même année, M. l'abbé Fonteneau, chanoine honoraire, secrétaire général de l'Archevêché, bénit la chapelle, sous le vocable de Saint-Ferdinand, patron de S. Ém. le cardinal Donnet.

Cependant les prévisions du devis se trouvaient dépassées, et le montant de la souscription ne suffisait pas pour terminer le clocher. Le Conseil de fabrique n'hésita pas à se charger du surplus de la dépense ; il vota une somme de 6,318 fr. 90 c. pour l'achèvement des travaux et l'achat d'une cloche du poids de cinq cents kilogrammes. La construction de la chapelle Saint-Ferdinand a donc coûté 31,318 fr. 90 c.

Le 12 août 1855, Son Ém. le Cardinal archevêque de Bordeaux bénit la cloche du nouveau

sanctuaire et présida, pour la seconde fois, la pro
cession nautique qu'il avait inaugurée l'année précédente. Cette cloche porte l'inscription suivante,
que la jeune ville d'Arcachon a adoptée pour devise :
HERI SOLITUDO, HODIÈ VICUS, CRAS CIVITAS. *Hier la
solitude, aujourd'hui un bourg, demain une cité.*

La chapelle Saint-Ferdinand est une imitation
du style roman du douzième siècle. Le clocher,
qui a vingt-huit mètres dix centimètres d'élévation.
est élégant ; il porte au sommet une croix archi-
épiscopale. L'abside est jolie. L'ensemble de l'édifice est gracieux et flatte l'œil.

Intérieurement cette chapelle a trente mètres
trente-cinq centimètres de longueur, la sacristie
comprise ; huit mètres de largeur, dans la nef, et
sept mètres soixante-quinze centimètres de hauteur. Le maître-autel est dédié à Saint-Ferdinand ;
celui de gauche, en entrant, à Notre-Dame de Bon
Secours ; et celui de droite à St-François-Xavier,
apôtre des Indes et du Japon. La verrière qui est
au-dessus de la porte d'entrée reproduit les armoiries de S. Ém. le cardinal Donnet.

VI.

CLIMAT ET BAINS D'ARCACHON.

Il résulte d'observations météorologiques faites avec le plus grand soin que la température moyenne d'Arcachon est de *vingt-trois* degrés centigrades pendant l'été, de *neuf* degrés pendant l'hiver, et que la moyenne de l'année entière est de *quinze* degrés ; la différence entre la température de la plage et celle de la forêt, à cent cinquante mètres du bord du Bassin, est en moyenne de deux degrés en hiver et six degrés en été.

Arcachon doit donc, à cet égard, être rangé parmi les stations médicales les plus favorisées, être mis au niveau de Nice, de Toulon, d'Hyères, etc.

Mais, à la douceur et à l'égalité de son climat vient s'ajouter encore l'influence, toute locale, de

l'air imprégné des émanations résineuses que ré-
pandent autour d'eux les arbres pins de sa forêt.
Aussi le séjour de ce pays privilégié est-il émi-
nemment favorable aux poitrines faibles, aux tempéraments délicats, aux femmes, aux enfants, à
toutes les personnes lymphatiques, à toutes celles
qui, fatiguées du séjour des grandes villes, affai-
blies par de pénibles études ou par un travail ex-
cessif, ont besoin, pour retremper leurs forces
épuisées, de calme, de repos, d'air vivifiant et pur

L'organisation d'une saison d'hiver, à Arcachon,
accroîtrait singulièrement l'importance de cette
plage, et, ce qui est plus précieux encore, rendrait
un service immense à la médecine, qui trouverait
là des moyens curatifs excellents contre des affec-
tions très-graves et notamment la phthisie pulmo-
naire. On s'occupe assez sérieusement de cette
organisation pour qu'il soit possible d'espérer une
solution heureuse et prochaine. Envisagée d'ailleurs à son véritable point de vue, la question prend
des proportions qui l'élèvent à la hauteur d'un véritable intérêt national : en effet, les personnes
atteintes de maladies à la guérison desquelles Arcachon est appelé à concourir si puissamment, vont
chercher à l'étranger le climat qui convient à leur
état ; créer, en France, dans une localité où les
tempéraments les plus délicats et les plus com-
promis peuvent, tout aussi bien qu'en Italie, trouver

la guérison ou le soulagement de leurs souffrances, créer là, disons-nous, un établissement réunissant toutes les conditions désirables, c'est faire une œuvre non seulement philanthropique, mais même toute française ; car, c'est mettre des moyens curatifs à la portée d'une grande quantité de personnes auxquelles leur fortune ne permet pas d'aller chercher au loin ces bienfaits de la nature ; c'est retenir en France nos riches nationaux, actuellement obligés de s'expatrier pour trouver un séjour favorable à leur santé ; c'est enfin amener dans une ville française les nombreux étrangers qui ne manqueront pas d'y accourir et qui vont aujourd'hui passer leur hiver dans d'autres contrées de l'Europe.

Quant à la certitude du succès, sous le rapport médical, nous ne pouvons mieux l'établir qu'en reproduisant ce qu'écrivait, dans le journal *la Gironde,* du 6 juillet 1857, M. le docteur Pouget, médecin-inspecteur des bains de mer de Royan :

« Arcachon s'occupe activement d'organiser pour les malades une saison d'hiver ; du reste, nulle localité ne se prête mieux à la création d'un établissement de ce genre, puisqu'elle possède les principales conditions qui doivent en assurer le succès : uniformité et douceur de la température, séjour sur les bords de la mer, émanations balsamiques de ses vastes forêts de pins.

» Cet établissement aurait pour but d'attirer dans

nos parages une partie des nombreux étrangers qui vont, chaque année, sur la foi d'une réputation dont la vogue décline du reste de jour en jour, passer l'hiver à Nice, en Italie, et même jusqu'en Égypte.

» On pourrait peut-être suspecter de partialité ou de complaisance les avantages que nous nous plaisons à attribuer au climat d'Arcachon, surtout dans les maladies chroniques de la poitrine, et la réputation que son heureuse position topographique et médicale lui réservent dans l'avenir. Heureusement cette appréciation n'est pas de nous, elle appartient à M. Mels, qui avait reçu du gouvernement hollandais, à la fin de 1856, la mission d'aller examiner sur les lieux les différentes stations hivernales de la France et de l'Italie. Voici, d'après une lettre adressée à M. le docteur Pereyra, les conclusions qui ont dû faire la base de cette partie de son rapport.

« Monsieur, d'après la promesse que j'ai faite,
» je prends la plume pour vous adresser quelques
» mots sur l'effet qu'Arcachon a produit sur moi
» pendant les vingt-quatre heures que je viens d'y
» passer.

» Malgré tout le bien que l'on m'avait dit de ces
» lieux charmants, je dois vous confesser que la
» réalité des promenades sur le Bassin et dans la
» forêt ont été bien au-dessus des espérances que
» vous m'en aviez fait concevoir.

» Il est réellement bien dommage qu'une rési-
» dence d'hiver, placée dans de si heureuses con-
» ditions pour les maladies de poitrine, ne soit pas
» emménagée comme elle devrait l'être. Il faut
» espérer pourtant que l'avenir lui réserve de meil-
» leurs jours, et que des améliorations ne tarderont
» pas à être faites, sinon en faveur des pauvres
» landes, dont la nature a jusqu'ici peu fécondé le
» sol, du moins par humanité pour les phthisiques,
» qui ne sauraient trouver ailleurs de meilleures
» conditions hygiéniques et médicales.

» Je serais heureux de savoir que l'organisation
» projetée touche à son terme, afin que je puisse
» en procurer le bénéfice à mes malades. »

En présence de pareilles assurances de succès,
on doit se hâter de mettre à exécution, le plus
promptement possible, un aussi utile projet.

D'après l'analyse d'un des meilleurs chimistes de
Bordeaux, M. Fauré, l'eau du bassin d'Arcachon,
semblable d'ailleurs, par sa composition chimique,
à l'eau de mer, renferme 38 grammes 72 de principes salins par litre, proportion qui n'a d'analogue
nulle part en Europe (1), et repousse victorieuse-

---

(1) Les principes salins contenus dans un litre d'eau de mer sont :
en Écosse, de 30 g. 98 ; à la pointe de Grave, de 31,25 ; à Royan
(Foncillon), de 32,51 ; dans la Manche, de 34,73 ; à Cordouan,
de 35,91 ; dans la Méditerranée, de 36,90 ; au milieu de l'Océan
Atlantique, de 37,61 ; enfin, à Arcachon, sur la plage, de 38,72.

ment l'opinion de quelques personnes qui préten-
dent que l'eau du Bassin est médiocrement salée.

On prend, à Arcachon, des bains de mer froids,
des bains chauds d'eau de mer et des bains de
sable ; nous allons nous occuper séparément de ces
trois sortes d'immersions.

BAINS DE MER FROIDS.

La grève d'Arcachon est large, unie, commode
et sûre ; elle est couverte d'un sable fin, propre,
doux comme un tapis de velours, et sur lequel les
pieds les plus délicats n'ont absolument rien à redouter. A marée haute, les enfants eux-mêmes
peuvent, sans aucun danger, se baigner seuls.
Quand la mer est basse, il faut, si l'on ne sait pas
nager, prendre quelques précautions afin de ne pas
descendre dans le chenal, qui, sur certains points,
est alors assez rapproché du rivage ; mais des ja-
lons, placés de distance en distance, indiquent aux
baigneurs la zône qu'ils peuvent parcourir en toute
sûreté.

La température de l'eau, sur la plage, est en
moyenne, pendant les cinq mois de la saison des
bains, — juin à octobre, — de *vingt* à *vingt-cinq*
degrés centigrades.

On a souvent agité la question de savoir sur quel
point de la côte d'Arcachon il vaut mieux se fixer
et si les bains sont également bons depuis la pointe

de l'Aiguillon jusqu'à Moulleau. Voici la réponse que fait M. le docteur Lalesque aîné, dans une série de lettres adressées au *Journal d'Arcachon*, en 1856, et auxquelles nous allons emprunter d'utiles conseils sur la manière d'user des bains de mer froids :

« Ma tâche étant purement médicale, je n'ai point à m'occuper de la convenance et du confortable des maisons ; mais je dois affirmer que tous les points de la plage d'Arcachon sont aussi bons, aussi salutaires, aussi sains les uns que les autres, et que les bains n'ont rien de supérieur ou d'inférieur, quels que soient les points sur lesquels on les prenne, ici plutôt que là. — Identité de plage, identité d'air, identité de ciel : la goutte d'eau recueillie à l'Aiguillon est le ménechme de celle du Pilat ; celle du Mouëng, de celle de Moulleau ; celle d'Eyrac, de celle de Bernet ; celle de Notre-Dame, de celle de l'Océan. Leur seule différence gît dans la température. » L'eau est, en effet, habituellement d'une température un peu moins élevée aux quartiers de Moulleau et du Pilat que sur les autres parties de la plage d'Arcachon, situées plus à l'est, et conséquemment plus éloignées de l'Océan.

Après avoir ainsi établi que tous les points de la grève d'Arcachon sont également bons pour les bains, M. le docteur Lalesque ajoute que les algues qui couvrent presque toujours cette plage, loin d'être nuisibles, quoique fortement odorantes, peuvent au contraire s'employer utilement pour fortifier les poitrines délicates ou même déjà malades. Puis il fait connaître les précautions à prendre avant, pendant et après le bain de mer froid, précautions trop souvent négligées par les baigneurs, qui ne retirent pas alors de leur séjour à Arcachon tout le bien qu'ils auraient pu en obtenir, ou même éprouvent quelquefois des dérangements dont leur imprudence est la seule et unique cause.

Ces précautions se résument ainsi qu'il suit :

1° Ne pas se baigner le matin de bonne heure, au sortir du lit, ni en avant dans la nuit ; adopter l'intervalle compris entre huit heures du matin et sept heures du soir.

2° Prendre un peu de repos avant le bain, lorsqu'on a le sang échauffé par un long voyage, ou le corps suant à la suite d'un exercice pénible ou de quelque promenade trop rapide et trop prolongée.

3° Ne pas se baigner aussitôt après avoir mangé ; attendre trois ou quatre heures, selon l'activité de l'estomac, pour que la digestion soit complètement achevée.

4° Ne permettre le bain, aux enfants et aux personnes faibles, qu'après léur avoir fait rompre le jeûne par un léger repas, suivi de trois ou quatre heures d'exercice modéré. Cet exercice est également salutaire aux personnes bien portantes.

5° Renoncer à l'usage du bonnet de taffetas ciré, qui a le grave inconvénient, non seulement de s'opposer à la transpiration de l'enveloppe crânienne, mais même de la refouler, et de causer des névralgies et des ophthalmies.

6° Se coiffer d'un chapeau de paille à larges bords, au travers duquel l'air et l'eau pénètrent également bien, et qui, de plus, a l'avantage de préserver la tête de l'ardeur du soleil.

7° Se mouiller la tête en entrant dans la mer. « Ce rafraîchissement est essentiellement favorable, parce qu'il prévient les céphalalgies, les pesanteurs de tête, l'insomnie, l'agitation dans le sommeil, si fréquentes pour ne pas dire inévitables chez les baigneurs qui négligent ou frondent l'ablution de la tête. »

8° Ne pas rester au bain dans une immobilité complète, mais éviter d'en sortir et d'y rentrer alternativement comme on le fait souvent. « Cette pratique est nuisible, tant à cause des érésypèles par insolation *(coups de soleil)* qui donnent quelquefois la fièvre, qu'à cause des rhumes, des maux de gorge et de tête qu'elle procure presque toujours. » « Par le mouvement, on se prépare une salutaire réaction, un prompt et favorable retour de la chaleur ; mais il est indispensable que le mouvement soit fait dans le bain sans en sortir, sans passer de l'air à l'eau par de réciproques excursions. Aussi la natation pour le nageur, l'agitation simultanée des membres supérieurs et puis des membres inférieurs, le torse étant sur la grève, et des frictions générales pour les personnes qui ne nagent pas, voilà les exercices à rechercher pendant la durée du bain pour le rendre profitable. »

9° « Sortir du bain avant l'arrivée du second frisson, qui doit être calculé à partir du moment où le premier saisissement occasionné par l'entrée à la mer est dissipé, jusqu'au moment où, la sensation de froid s'accroissant, on frissonne encore et l'on éprouve des resserrements spasmodiques, des contractions involontaires. » « Je voudrais, — ajoute M. le docteur Lalesque, — pouvoir dire ici quelle doit être la longueur du bain de mer froid. Mais la nuance, dans l'espèce, est si variable, si délicate, si difficile à saisir, même en voyant le sujet, que je ne puis rien enseigner de général. Commencez par deux, quatre, six minutes, et puis allez en allongeant votre bain jusqu'à ce que vous sentiez l'approche du deuxième frisson dont je viens de vous entretenir. »

10° En sortant de l'eau, « s'essuyer vite, avec du linge bien sec, mais sans être chauffé, depuis les pieds jusqu'à la tête, en frictionnant assez fortement la peau, sans craindre de la faire rougir, et prendre un léger exercice rendu d'autant plus actif qu'on se sentira plus refroidi. »

11° Ne pas user d'eau tiède ou chaude pour se laver les pieds au sortir du bain, et se servir de l'eau de mer froide puisée au Bassin.

12° Ne pas suivre le conseil, trop souvent répété, de ne point s'essuyer le corps en sortant du bain et de garder sur la peau l'eau adhérente à sa surface. Cette pratique fait perdre complètement l'effet du bain « et même encourir les plus grandes chances de contracter les maladies produites par le contact trop prolongé du froid sur l'enveloppe extérieure de nos organes. »

BAINS CHAUDS D'EAU DE MER.

Un grand nombre de personnes, qui ne peuvent pas supporter les bains froids, usent avec avantage des bains d'eau de mer, chaude ou tiède. Beaucoup de malades en ressentent aussi le salutaire effet.

Dans ces bains, dont la température doit varier selon l'âge, le tempérament, la force du sujet et la nature de la maladie, l'absorption est plus considérable et plus prompte que dans les bains froids; on doit donc les employer toutes les fois qu'on veut faire pénétrer dans le corps une quantité plus grande des diverses substances dont l'eau de mer est composée.

Il y a, à Arcachon, deux établissements publics de bains chauds, situés sur la plage même : l'un, près de l'établissement Legallais, et l'autre, en face de la rue qui conduit à la place Sainte-Anne et à la Mairie. On en trouve également dans les principaux hôtels.

BAINS DE SABLE.

Cette sorte de bain, que la médecine appelle *arénation,* est un remède dont les effets sont presque toujours si souverains que son usage est, depuis longues années, populaire aux alentours du bassin d'Arcachon. Les douleurs rhumatismales les plus aiguës, longtemps rebelles aux moyens les plus actifs de la thérapeutique, disparaissent bientôt sous l'influence vivifiante de l'arénation : elles sont promptement vaincues par l'action énergique du sable imprégné de sels que la vague jette sur le rivage du Bassin ou de la mer.

Les bains de sable sont pris au lieu même que le flux vient de quitter, après que le soleil a fortement chauffé l'arène. Le malade se fait recouvrir tout le corps, ou seulement une partie si le siége du mal est peu étendu, de cinq à six centimètres de sable brûlant ; il reste ainsi exposé à l'ardeur du soleil autant que ses forces le lui permettent, en ayant soin toutefois de tenir sa tête à l'abri d'un parasol ou d'un berceau de feuillage ; et, lorsque

son pouls bat avec violence, que sa figure est ruis-
selante et animée, qu'une sueur abondante s'é-
chappe par tous ses pores, on l'enveloppe soigneusement dans une couverture de laine et on le met
au lit jusqu'à ce que la sueur ait complètement
cessé. S'il sent que son estomac soit affaibli, il
peut prendre un consommé et même un peu de
vin pur.

Telle est la manière de procéder à l'arénation,
simple et puissant remède qui convient surtout aux
paralytiques, aux rhumatismans, aux tempéraments lympathiques, à toutes ces organisations
étiolées auxquelles il faut rendre, par des moyens
énergiques, la chaleur et la vie. Néanmoins, comme
il peut résulter de cette opération faite dans un
moment inopportun des accidents très-graves, nous
conseillons aux personnes qui auraient l'intention
de s'y livrer, de demander au préalable quelques
avis à un médecin, afin de pouvoir prendre toutes
les précautions indispensables en pareil cas.

VII.

BASSIN D'ARCACHON.

Le bassin d'Arcachon est situé sur la côte du golfe de Gascogne, à cent dix kilomètres de la pointe de Graves et à cent vingt kilomètres de l'embouchure de l'Adour. La largeur de l'entrée est de 2,960 mètres; sur la barre, la passe a 520 mètres de largeur et une profondeur minima de 7 mètres à la basse mer. La barre et les bancs qui bordent la passe sont formés de sable fin, sans vase ni gravier. Le Bassin a la figure d'un triangle : il présente une superficie de 15,259 hectares à haute mer, et un périmètre d'environ 80,000 mètres. La marée, en se retirant, laisse à découvert des bancs très-étendus, entrecoupés de chenaux, qui, comme les bras d'une gigantesque méduse, se dirigent en serpentant vers les diverses communes riveraines.

L'heure de l'établissement de la marée est de 4 heures 15 minutes au cap Ferret et de 4 heures 49 minutes au mouillage d'Eyrac.

La rade de Moulleau est assez étendue et la tenue y est bonne ; néanmoins, comme les navires y sont exposés aux lames du large, par les vents du S.-O. au N.-O., ils s'y arrêtent rarement. La rade du Ferret et celle d'Eyrac ne présentent pas le même inconvénient : la tenue y est excellente et les navires y sont parfaitement en sûreté ; c'est dans les vents de N.-O. qu'ils éprouvent le plus de fatigue, mais l'agitation n'est jamais assez forte pour offrir du danger, et les caboteurs eux-mêmes n'hésitent pas à s'y tenir à l'ancre pendant les plus mauvais temps. Ces deux rades, dont la profondeur est de 8 mètres au minimum et de 19 mètres 50 centimètres au maximum, ont ensemble une superficie d'environ 700 hectares ; MM. Droëling et Pairier, ingénieurs en chef des ponts-et-chaussées, dans leurs rapports à M. le Ministre des travaux publics, estiment qu'elles pourraient contenir de dix-sept à vingt-un navires de guerre de premier rang, isolés, et au moins le double s'ils étaient affourchés ; quant aux navires de moindre dimension, qui pourraient y mouiller, ces messieurs en portent le nombre à *sept mille cinq cents*.

Il n'existe actuellement, dans le golfe de Gascogne, depuis l'embouchure de la Gironde jusqu'en Espagne, aucun port de refuge, car on ne peut pas donner ce nom au port de Bayonne, qui n'a, sur la barre, que *un mètre* de hauteur d'eau à basse mer. Cependant cette partie des côtes de l'Océan est une des plus dangereuses : les vents du large, principalement ceux de O. et de N.-O., qui règnent toujours pendant les tempêtes, portent à terre, et, dès lors, si les navires ne peuvent pas se relever, ils périssent infailliblement corps et biens ! Améliorer et faire bien connaître l'entrée d'Arcachon est donc un immense service à rendre à l'humanité, au commerce et à la marine en général. Mais l'utilité du Bassin serait encore plus grande, en temps de guerre maritime ; en effet, il n'est pas possible d'établir, même avec des navires à vapeur, une croisière constante sur une côte où tous les vents du large poussent vers la terre, et conséquemment il n'y a pas à craindre que le port d'Arcachon soit bloqué.

Il résulte de tout cela que cette magnifique baie, sur les bords de laquelle l'État possède d'immenses étendues de terrain, où l'on pourrait établir de vastes chantiers de construction, est susceptible de rendre les plus éminents services au commerce, à la marine marchande et à la flotte, surtout pendant les guerres maritimes, qu'il faut sans doute éviter autant que possible, mais qu'il est toujours sage de prévoir et auxquelles il importe de se préparer à l'avance.

Les moyens proposés, en 1855, par les ingénieurs, pour rendre commode et sûre l'entrée du bassin d'Arcachon, consistaient en un système de travaux, dont la dépense totale était évaluée à onze millions de francs. Une commission nautique, composée d'un capitaine de vaisseau, d'un capitaine de frégate, d'un ingénieur hydrographe et de marins de la localité, fut consultée, et se réunit en juin et juillet 1856. Après avoir adhéré aux dispositions les plus essentielles de l'avant-projet, elle fit quelques observations très-judicieuses, à la suite desquelles MM. Droëling et Pairier, tout en conservant la certitude d'obtenir un résultat satisfaisant, réduisirent l'importance des travaux à exécuter (1), travaux qui se bornent maintenant : 1° à la défense de la rive sud du Bassin par une digue, de 5,300 mètres de longueur, prenant à Moulleau et aboutissant aux balises actuelles ; 2° à la construction d'une jetée, de 1,715 mètres de longueur, partant de l'extrémité de la digue et continuant la courbe qu'elle décrit jusqu'à la rencontre du banc du Matoc, pour empêcher la passe de dévier vers le sud par l'effet du mouvement longitudinal des sables dans cette

(1) Le projet primitif comprenait l'établissement, sur la passe, de sept nouvelles bouées, qui furent immédiatement accordées, et mises en place dans les premiers jours d'août 1856.

direction. Avec ces modifications, la dépense n'est plus que de cinq millions.

Les résultats de la conférence ouverte avec l'administration de la marine et le génie militaire pour compléter les enquêtes locales ont été complètement favorables à l'adoption de ces dernières propositions des ingénieurs.

Au mois de septembre 1856, le lecteur se le rappelle, S. Exc. M. le Ministre de l'agriculture, du commerce et des travaux publics daigna se rendre à Arcachon pour reconnaître, par lui-même, l'importance de cette œuvre, et se fit expliquer, sur les lieux, la nature et le but des travaux projetés.

L'affaire a été soumise, dans cet état, au Conseil général des ponts-et-chaussées, qui a complètement approuvé l'avant-projet. A la suite de cet avis, M. le Ministre a prescrit, par dépêche du 16 février 1857, la rédaction d'un projet définitif, dont les études viennent d'être achevées et transmises au Gouvernement.

Le temps est donc enfin venu où la France va être dotée d'un port comme elle n'en possède pas encore, d'une des plus belles et des plus vastes rades du monde. Les Conseils municipaux de La Teste et d'Arcachon, lorsqu'ils eurent l'honneur d'être présentés à l'Empereur, à La Bouheyre, le 23 août 1857, ont eu la vive satisfaction de recevoir, de la bouche même de Sa Majesté, l'assurance de tout l'intérêt qu'elle porte à la création du port d'Arcachon et de son vif désir de l'exécuter le plus prochainement possible.

DE MOULLEAU A LA POINTE DU SUD.

Moulleau est situé à trois kilomètres et demi de la chapelle Notre-Dame, en suivant la plage. Il y a un poste de douanes, une maison forestière et les restes d'un parc d'artillerie provenant des anciens forts établis sur la côte de 1790 à 1815. On a également commencé de construire sur ce point quelques maisons de bains, dont le nombre s'accroîtra certainement au fur et à mesure qu'Arcachon prendra du développement et que les personnes amies de l'isolement et de la solitude voudront fuir l'animation de la ville. Le territoire de la commune d'Arcachon finit à Moulleau.

Au Pilat, situé à environ trois kilomètres plus loin, sur le territoire de La Teste, on trouve l'hôtel des *Trois-Sœurs,* tenu par M. Duhaa, et une maison forestière, bâtie à peu de distance de la plage.

Les mâts-balises, qui indiquent aux navires la direction de la passe, sont à une distance de deux kilomètres et demi du Pilat.

En avançant encore de deux kilomètres et demi, on arrive au poste de douanes du Sud, en face du banc du Matoc. Le Matoc était autrefois un îlot, où il y avait une cabane, d'assez bons pâturages et une petite lagune dont les eaux nourrissaient des huîtres délicieuses. L'île du Matoc fut concédée, en 1762, à la comtesse d'Estillac. Cette concession n'avait évidemment pour objet que les parties de l'île non couvertes par la marée ; néanmoins, Mme d'Estillac défendit aux marins de pêcher et de faire sécher leurs filets sur la grève ; elle fit même conduire en prison cinq pêcheurs qui ramassaient des moules le long du rivage. Une plainte ayant été portée, le Conseil d'État rendit, le 13 septembre 1763, un arrêt faisant inhibitions à cette dame de troubler les matelots et pêcheurs du Bassin dans la faculté de pêcher, ramasser des coquillages et faire sécher leurs filets sur le rivage de la mer qui borde l'île du Matoc, dans toute l'étendue que les marées couvrent et découvrent, ni d'exiger aucun droit, sous quelque prétexte que ce soit, à peine de restitution du quadruple, de 1,500 liv. d'amende, etc.

A deux kilomètres du poste de douanes, est située la pointe du Sud, qui se trouve ainsi à une distance de près de quatorze kilomètres de la chapelle d'Arcachon.

DU CAP FERRET A PIQUEY.

Le cap Ferret est le *Curianum promontorium* (promontoire Curian) des Romains, que Vinet a eu tort de placer à Cordouan, dans ses commentaires sur les œuvres d'Ausone. Les cabanes des pêcheurs sont situées à environ un kilomètre de l'extrémité du cap, sur la côte du Bassin et non sur celle de l'Océan. Le poste des douanes est auprès du phare, à deux kilomètres de distance des cabanes.

Le phare du cap Ferret est situé sur la rive est du Bassin, à trois mille mètres au nord de l'entrée et à neuf cents mètres de la côte de l'Océan, par 44 degrés 38 minutes 48 secondes de latitude septentrionale, et 3 degrés 35 minutes 11 secondes de longitude occidentale; il a cinquante-un mètres d'élévation et une portée de dix-huit milles marins; c'est un feu fixe. Il a été construit, en 1839, par les frères Escarraguel, sous la direction de M. Deschamps fils, ingénieur des ponts-et-chaussées.

Il y a, au Ferret, deux puits, l'un près du phare, et l'autre près du poste de douanes, dont l'eau est d'une beauté remarquable.

A six kilomètres et demi du phare, on trouve, sur le rivage de l'Océan, le poste de douanes de La Garonne. Piquey est situé à trois kilomètres de ce poste, sur la rive est du Bassin, et à huit kilomètres du phare, en suivant la plage. Il y a, à Piquey, un poste de douanes et une maison habitée par le garde des semis des dunes, qui sont encore sous la surveillance de l'administration des ponts-et-chaussées; des marais à sangsues ont été créés, depuis quelques années, par M. Delclou, propriétaire à Arcachon.

Le cap Ferret, le poste de La Garonne et Piquey sont sur le territoire de la commune de La Teste, bien qu'ils dépendent de la paroisse d'Arcachon.

ILE DES OISEAUX.

Cette île, qui doit son nom à l'énorme quantité d'oiseaux de mer auxquels elle sert d'asile, est située dans la partie occidentale du Bassin, en face d'Arcachon ; elle a six kilomètres de tour, et présente une surface d'environ 250 hectares à basse mer ; mais elle se couvre presque entièrement dans les grandes marées. On y a élevé plusieurs cabanes de pêcheurs, un hangar pour les bestiaux et une maisonnette pour le garde, auprès de laquelle sont un jardin et un puits dont l'eau est excellente.

Jusqu'au commencement du XIXe siècle, le territoire de l'île a été commun à tous les habitants des bords du Bassin, qui en usaient aussi librement que du Bassin même, et y envoyaient leurs bestiaux sans rétribution aucune ; le Captal de Buch, qui, en 1742, avait semblé vouloir s'en emparer, renonça bientôt à cette prétention, et ce ne fut que sous la Restauration, en l'année 1820, que l'île des Oiseaux devint propriété domaniale. A tort ou à raison, l'État en est donc aujourd'hui proprié-

taire ; il l'afferme moyennant une somme peu considérable, et le fermier loue ensuite le pacage, qui
est très-bon, soit pour engraisser les bestiaux, soit
pour les rétablir quand ils sont malades. La chasse
aux oiseaux est libre, sur l'île, pendant toute l'année, sans rétribution aucune ; mais la chasse aux
lapins est un des revenus du fermier. La rétribution est fixée à 1 fr. quand on tue le lapin, 50 c.
quand on le manque : je dois dire, pour être vrai,
que le garde reçoit beaucoup plus de pièces de
50 c. que de pièces de 1 fr., et que plus il vient de
chasseurs sur l'île, moins la quantité de lapins semble diminuer.

L'île des Oiseaux dépend de la commune de La
Teste, mais fait partie de la paroisse d'Arcachon.

PÊCHE.

On fait, dans le bassin d'Arcachon, plusieurs
espèces de pêches, qui ont surtout lieu en été : les
principales sont la pêche à la seine ou à la *trahine,*
la pêche au *palet* ou à la courtine, et la pêche au
flambeau ou à la *haïlle,* qui se fait la nuit avec des
torches et une fouane en fer. Il est très-amusant
de se faire expliquer par le pêcheur lui-même les
différentes ruses qu'il emploie pour surprendre les
hôtes de la mer ; le pittoresque de son langage
ajoute au plaisir que l'on éprouve à écouter ses

descriptions et à suivre ses travaux si intéressants et parfois si pénibles.

La pêche du Bassin fournit en abondance diverses sortes de poissons ; les plus estimés sont l'anguille, le congre, la sole, la limande, l'éperlan, le muge (appelé dans le pays *mulle*), le ristau (espèce de muge d'un goût exquis), l'*aiguille* ou orphie, le rouget, etc. Les crabes et les crevettes sont également très-communs. Quant aux coquillages, on en trouve de beaucoup d'espèces, monovalves et bivalves ; les huîtres seules sont à peu près épuisées depuis environ trente ans. Nous dirons, dans le paragraphe suivant, quels sont les moyens que l'on emploie maintenant pour en repeupler le Bassin.

La grande pêche, appelée *péougue*, — du latin *pelagus*, haute mer, — que de nombreux désastres ont trop malheureusement fait connaître, a lieu dans l'Océan, ainsi que celle des *royans*, espèce de sardine très-recherchée des gourmets, et que l'on ne prend que dans ces parages. La pêche du péougue produit abondamment des merlus, des raies, des grondins, des soles, des turbots, des barbues, etc., etc. Cette pêche se faisait autrefois dans des chaloupes non pontées, ayant un équipage de treize hommes, le patron compris. Plus tard, on a employé de grandes tilloles ou pinasses, à fond plat, semblables par la forme à celles dont on se sert dans le Bassin, mais d'une plus forte dimension. Ces deux modes de pêche étaient fort dangereux l'un et l'autre ; aussi, de 1836 à 1839, M. Allègre, et après lui M. Legallais père, ont-ils essayé de substituer des bateaux à vapeur aux chaloupes et tilloles ; mais les dépenses de premier établissement, les frais divers d'exploitation et l'entretien du matériel ont toujours absorbé au delà des produits, et il a fallu forcément abandonner ces précieuses innovations, pour revenir aux anciens procédés, si funestes à la population maritime de la contrée. Enfin, depuis quelques années, on se sert de *chaluts,* qui ont le double avantage de donner des produits au moins aussi abondants que les anciennes chaloupes et de rendre à peu près nulles les chances de naufrage.

PARCS A HUITRES.

Les huîtres étaient autrefois tellement abondantes dans le Bassin qu'on allait jusqu'à craindre de les voir gêner la navigation si l'on n'en pêchait pas continuellement. Aussi lorsque, il y a une trentaine d'années, de nombreuses cargaisons de navire furent expédiées à l'étranger, personne n'eut l'idée que cela pourrait nuire et on ne s'y opposa point. Les résultats de cet abus devinrent bientôt évidents, mais le mal était déjà irréparable. En vain l'administration de la marine prit-elle des

mesures conservatrices, les agents dont elle dispo
sait étaient trop peu nombreux pour faire respecter
les interdictions prononcées, et l'on pêcha toujours, non seulement dans les parties réservées,
mais même en temps prohibé.

Il fallait absolument trouver un autre remède.
Les fermiers de l'île des Oiseaux ont eu la bonne
pensée de demander au Gouvernement la concession temporaire de quelques portions du Bassin
pour s'y livrer à la reproduction de l'huître de gravette. Leur demande ayant été accueillie, ils ont
fait venir de Noirmoutiers de grandes quantités de
ces mollusques, ils ont établi des parcs et les ont
mis sous la surveillance de gardiens spéciaux. A
leur exemple, plusieurs personnes de la localité ont
sollicité des concessions, qui leur ont également
été accordées, et aujourd'hui le Bassin se repeuple.
Déjà on livre à la consommation des quantités d'huîtres assez considérables. Encore quelques années,
la reproduction sera aussi active qu'à l'époque de
sa meilleure prospérité, et la consommation pourra
être aussi grande et à aussi bas prix.

Lorsque l'huître de gravette d'Arcachon sera
connue à Paris et dans les autres principales villes
de France, nul doute qu'elle ne soit placée au premier rang ; nul doute aussi que les Compagnies de
chemins de fer, et principalement celle d'Orléans,
ne consentent à une réduction notable sur le prix

du transport, afin que les huîtres puissent être li-
vrées au consommateur à un taux raisonnable.

MM. Durand et Dauty vont, en outre, essayer
de faire grossir et verdir les huîtres d'Arcachon
comme on le fait à La Tremblade, à Marennes, etc.
Si, comme il est probable, le succès couronne cette
nouvelle entreprise, il est évident que les huîtres
du Bassin seront supérieures à celles que l'on prépare sur les bords de la Seudre, puisqu'elles seront
constamment baignées par de l'eau de mer pure,
sans aucun mélange d'eau douce.

CHASSE AUX CANARDS SAUVAGES.

Le bassin d'Arcachon renferme un grand nombre de bancs, appelés *crassats,* qui se découvrent
à chaque marée et sur lesquels se nourrissent, pendant l'hiver, des nuées de canards sauvages, auxquels les habitants du pays livrent une guerre aussi
opiniâtre que lucrative.

La principale chasse se fait au moyen de perches
de 4 à 5 mètres de longueur, que l'on plante de
distance en distance et auxquelles on attache plusieurs centaines de filets de 3 mètres de large, sur
7 à 8 mètres de long. Ces filets sont solidement
fixés par les deux bouts aux deux perches les plus
voisines; les côtés latéraux sont bien tendus et le
milieu forme une poche dans laquelle s'embarras-

sent les malheureux canards lorsqu'ils viennent, poussés par la faim, chercher leur pâture sur les crassats que la marée a laissés à découvert. Les canards, qui ont l'habitude de tournoyer longtemps avant de se poser, ne manquent jamais de se jeter dans les filets, où les premiers pris, loin de faire fuir le reste de la troupe en criant et se débattant, semblent au contraire lui servir d'appeaux et la font souvent succomber tout entière. Le matin de très-bonne heure, on vient recueillir les prisonniers, et on leur tord le col avant que les oiseaux de proie aient le temps d'en faire leur curée.

Cette chasse est, en général, très-abondante ; quelquefois, deux ou trois nuits suffisent pour payer tous les frais de la campagne.

VIII.

COMMUNES RIVERAINES DU BASSIN D'ARCACHON.

Le bassin d'Arcachon est entouré de dix communes : Arcachon, La Teste, Gujan, Le Teich, Biganos, Audenge, Lanton, Andernos, Arès et Lège, qui forment, avec Mios, situé sur le bord de la Leyre, les deux cantons de La Teste et d'Audenge.

Arcachon est maintenant connu de nos lecteurs ; nous allons, dans ce chapitre, donner une courte notice sur chacune des neuf autres communes limitrophes du Bassin.

LA TESTE.

Dans le précis historique que contient le chapitre III de cet opuscule, nous avons établi l'ancienne origine de La Teste, et retracé les diverses phases de son existence jusqu'à nos jours. Nous n'avons conséquemment plus à nous occuper ici que de sa situation actuelle.

Le territoire de cette commune, qui renferme Cazeaux et une partie de son étang, la Grande-Forêt, la pointe du Sud, le cap Ferret, Piquey, l'île des Oiseaux et une portion de La Hume, présente une superficie de vingt mille trois cents hectares ; la commune d'Arcachon est entièrement enclavée dans cet immense périmètre.

Chef-lieu du canton qui porte son nom et qui se compose de La Teste, Arcachon, Gujan et Le Teich, contenant ensemble une population de sept mille six cent soixante-dix-sept habitants, la petite ville de La Teste est située sur la rive méridionale du bassin d'Arcachon, au pied des dunes qui menaçaient de l'engloutir et lui servent maintenant d'abri. Les maisons, toutes bâties en pierre, sont propres et bien tenues ; on a l'habitude de les blanchir, avec du lait de chaux, presque tous les ans, aux approches de la Pentecôte, fête locale du pays, ce qui leur donne un aspect riant et coquet. La population agglomérée s'élève, d'après le dernier dénombrement, à trois mille quarante-quatre âmes; avec Cazeaux et les autres écarts, le chiffre total des habitants est aujourd'hui de trois mille six cents. Cette population se compose de marins, de résiniers et de quelques marchands et ouvriers divers ; les principaux habitants sont propriétaires, négociants ou employés dans les administrations.

L'air de La Teste est excellent : il y a généralement peu de malades et surtout fort peu de maladies graves. La longévité, quoique commune, n'arrive pas néanmoins jusqu'à cent ans. La moyenne des décès est de deux pour cent; celle des naissances atteint presque trois pour cent.

Le juge-de-paix du canton réside au chef-lieu. Il y a, en outre, un inspecteur et un receveur principal des douanes, un sous-commissaire de la marine, un receveur de l'enregistrement, un sous-inspecteur des forêts, un directeur des postes, un receveur des impôts indirects, et enfin tous les autres fonctionnaires qui se trouvent ordinairement dans les chefs-lieux de canton. Le maire a trois adjoints, celui de la section de Cazeaux compris.

L'église de La Teste est belle, spacieuse, et mérite d'être vue ; les autels, ainsi que le baptistère, sont richement décorés. Le cimetière est établi, depuis l'année 1849, derrière l'église, sur l'emplacement de l'ancien château-fort des Captaux de Buch ; il est très-soigneusement tenu et renferme quelques tombeaux assez remarquables.

L'hôpital est contigu au local de la Mairie. La fondation de cet établissement charitable est due à la bienfaisance de Mme Marie-Louise-Angèle

Bouge, veuve de M. Pierre-Joseph Gigandet Desgènevez, décédée à Paris le 30 janvier 1844, après
avoir institué la commune de La Teste sa légatrice
universelle, à charge d'établir un hôpital et de lui
donner le nom de Saint-Aimé en mémoire du fils
unique dont la testatrice pleurait la mort prématurée. La première pierre de cet édifice a été posée
le 16 juillet 1848 ; il a été ouvert le 3 novembre
1849 et confié aux soins des sœurs de la Présentation de Marie. L'hôpital Saint-Aimé, qui n'était
d'abord destiné qu'aux malades de La Teste, reçoit
maintenant ceux des onze communes des cantons
de La Teste et d'Audenge ; il ne contient cependant que huit lits, répartis dans deux salles, et il
aurait besoin d'être agrandi pour pouvoir suffire à
la population des deux cantons. Nous engageons
fortement les étrangers à visiter ce modeste asile
de la souffrance ; ils y verront les fruits touchants
du zèle intelligent et dévoué de la sœur Ambroi-
sine, qui dirige l'établissement depuis sa fondation,
et pourront concourir par leurs pieuses offrandes
à l'utile développement de l'œuvre bienfaisante de
Mme Desgènevez.

La *section de Cazeaux* est à une distance de
douze kilomètres de l'église de La Teste ; elle est
située à l'extrémité nord de l'étang qui porte son
nom et sur le bord du canal d'Arcachon ; elle a une
population de deux cent quatre-vingts habitants.

L'ancienne paroisse de Saint-Pierre de Cazeaux, appelée *de Casalibus,* dans les anciens pouillés du diocèse, et en patois *Cazaous* (jardins), paraît avoir été autrefois très-populeuse, très-fertile et bien cultivée ; mais l'envahissement des sables des dunes et l'élévation des eaux de l'étang l'ont, depuis plusieurs siècles, réduite à l'état où elle est maintenant. Elle a d'abord dépendu du prieuré de Bardanac, situé dans la paroisse de Pessac, et uni, en 1572, au collége des Jésuites, ou de la Madeleine, de Bordeaux ; mais la dîme était tellement insuffisante et la cure si souvent abandonnée, faute de ressources, qu'elle devint séculière et à la collation de l'Archevêque de Bordeaux. C'est ainsi qu'elle a existé jusqu'en 1792. Supprimée à cette époque, elle n'a pu être rétablie, avec le titre de succursale, qu'en 1847. Pour remplacer l'église primitive, qui, d'après la tradition, aurait été couverte par l'étang, on en avait construit une autre au sommet d'une petite dune située sur le bord de l'eau, à l'entrée de la Grande-Forêt. Elle existait encore en 1849 lorsque M. l'abbé Mouls, maintenant curé d'Arcachon, fut appelé à desservir cette pauvre paroisse ; les demeures des hommes s'étaient éloignées de la maison de Dieu, qui tombait en ruines, le Canal l'avait séparée du village, d'où on ne l'apercevait même plus, et elle était là comme abandonnée... Le nouveau curé s'occupa tout de suite, avec l'infatigable ardeur qui l'anime, de la reconstruction de cet édifice sur un lieu plus commode. L'administration municipale de La Teste s'empressa d'appuyer ses efforts, et elle obtint du Gouvernement un secours de 2,500 fr.; de pieux fidèles des paroisses voisines souscrivirent à cette bonne œuvre; les habitants de Cazeaux y contribuèrent largement par leur travail, et, le 17 mars 1850, M. l'abbé Gignoux, vicaire général de Bordeaux, vint bénir l'église qui s'élève aujourd'hui en face du pont du Canal. L'année suivante, on bâtit le presbytère. Le cimetière était autour de l'ancienne église; il resta sur le même emplacement, où il est encore, dominant le village, comme pour lui rappeler sans cesse que par la mort notre âme remonte vers la céleste patrie.

L'étang de Cazeaux est un des plus beaux lacs de France; c'est le plus vaste, le plus profond et le plus élevé des étangs du littoral de la Gascogne : il a près de sept mille hectares de superficie, trente-six kilomètres de tour, jusqu'à soixante mètres de profondeur, et vingt mètres quatre-vingt-cinq centimètres d'élévation au-dessus du niveau de la mer. Il communiquait autrefois avec l'Océan par un chenal très-profond, dont l'embouchure était au lieu appelé le *gurc de Maubruc,* et qui a été comblé par les sables vers la fin du quatorzième siècle. Dès que cette communication fut supprimée, les égouts

des Landes, joints aux sources abondantes qui existent au fond du lac et qui furent activées par la
pression des dunes, firent monter les eaux à la
hauteur à laquelle elles sont parvenues. La limite
des départements de la Gironde et des Landes passe
à peu près au milieu de cette immense nappe d'eau,
qui est située partie dans la commune de La Teste
et partie dans celles de Biscarosse et de Sanguinet.
L'étang de Cazeaux est très-poissonneux ; les tan-
ches, les brochets, les anguilles, les perches, etc.,
y abondent ; ses eaux sont excellentes au goût et
d'une limpidité parfaite. Il y a également, soit sur
le lac, soit dans les marais qui l'avoisinent, beaucoup d'oiseaux aquatiques.

Une loi, en date du 1er juin 1834, autorisa l'ouverture, entre le bassin d'Arcachon et l'étang de
Mimizan (ou Aureilhan), d'un canal de grande navigation composé de deux versants et ayant pour
bief de partage les étangs de Cazeaux, Biscarosse
et Parentis. La Compagnie d'exploitation et de
colonisation des landes de Bordeaux fut immédiatement substituée aux droits du concessionnaire,
et elle se mit aussitôt en devoir d'exécuter les
prescriptions de la loi. Pour cela faire, tous les
travaux auraient dû être achevés en 1839 ; mais
les fautes commises par le principal administrateur
de cette Société la mirent bientôt dans un si pi-
toyable état, que ce fut seulement vers la fin de

1837 que l'on put s'occuper sérieusement de la construction du canal. La Compagnie appela, pour diriger les travaux, un ingénieur du Canal du Midi, M. Lange, s'imposa de rudes sacrifices, et parvint à mettre le premier versant en état d'être provisoirement livré à la navigation, au mois de décembre 1840. De cette époque date l'établissement du service de transports par eau qui existe entre La Hume et les Landes.

En jetant les yeux sur la carte, nous voyons que le canal d'Arcachon a son embouchure à La Hume, point où il doit communiquer avec le Bassin lorsque la première écluse aura été construite. Actuellement, les marchandises qui doivent suivre la voie de mer sont déposées dans les magasins de la Compagnie, où on les prend avec des charrettes pour les apporter à bord des navires. De La Hume, au sud de la route départementale et du chemin de fer, le canal remonte jusqu'à l'étang de Cazeaux, situé à treize kilomètres de distance, au moyen de sept écluses à sas. Ces écluses, de même que les biefs, se comptent à partir de La Hume : ainsi, le bief qui commence à la route départementale est le premier bief, et celui qui touche à l'étang de Cazeaux est le huitième bief; l'écluse que l'on trouve à l'extrémité du premier bief est la deuxième écluse, — celle à construire à l'entrée du Bassin devant porter le numéro premier, — et l'écluse la plus rapprochée de Cazeaux est la huitième écluse. La largeur du canal varie depuis treize jusqu'à vingt-quatre mètres au niveau de la banquette ; il a une profondeur moyenne d'un mètre soixante-cinq centimètres. Les écluses ont, la troisième et la quatrième, trente mètres de longueur de sas, et les cinq autres, vingt mètres, sur une largeur uniforme de six mètres ; leur chute moyenne est de deux mètres soixante centimètres. Dans son parcours de La Hume à Cazeaux, le canal traverse les terrains de la Compagnie agricole et industrielle d'Arcachon, auxquels il donne de l'eau pour les prairies, les rizières et les usines. Ces terrains sont ce qu'on appelle la *plaine de Cazeaux,* que cette Compagnie avait entrepris de défricher et de coloniser ; opération facile , mais que de nombreuses erreurs l'ont obligée d'abandonner, après avoir inutilement dépensé plusieurs millions.

Après être passé devant le village de Cazeaux , le canal traverse l'étang dans toute sa longueur, et entre, au lieu appelé *Navarosse,* dans des marais appartenant à la commune de Biscarosse. A son entrée comme à sa sortie de l'étang de Cazeaux , il est protégé par de larges digues garnies de plusieurs rangs de pieux et d'une ceinture de pierres et d'alios. Le passage ouvert à la navigation dans les marais présente une largeur de sept mètres ; sa profondeur est d'un mètre cinquante centimètres à deux mètres au plus. Après avoir franchi ces marais, le Canal entre dans le petit étang de Biscarosse, puis il traverse encore de nouveaux marais, et se jette enfin dans le grand étang de Parentis. Arrivées là, les barques se dirigent vers les différents points d'embarquement établis sur la côte ; les principaux sont à *Parentis*, au *Lannot de Gastes* et à *Sainte-Eulalie*.

Le parcours entier du Canal est de quarante mille mètres. Le péage est perçu à raison de 3 fr. 20 c. par mille kilogrammes, ou 40 c. pour chaque bief ; la navigation sur les étangs et dans les marais est franche de tout droit. Les barques portent de douze à trente tonneaux ; de La Hume à Cazeaux et dans les marais, elles sont hâlées par les hommes de l'équipage, ou vont à la voile si le vent est favorable ; sur les étangs, elles naviguent à la rame et à la voile. La moyenne des transports s'élève annuellement à sept mille tonnes, et produit un péage brut de 18 à 20,000 fr. ; les frais absorbent la presque totalité de cette somme. Le Canal a coûté plus de 1,500,000 fr.

GUJAN.

Gujan est, après la Teste, la commune la plus importante du littoral par son commerce, son industrie et le chiffre de sa population, que le dernier dénombrement porte à deux mille cinq cent soixante-dix-neuf habitants. Cette commune, qui occupe une jolie position sur la rive méridionale du Bassin, à six kilomètres de La Teste et à douze kilomètres d'Arcachon, est traversée dans toute sa longueur par le chemin de fer et par la route départementale ; elle se divise en quatre quartiers principaux : Meyran, La Ruade, Gujan *ou le Bourg,* et Mestras ; le quartier de Mestras, plus considérable que le Bourg, est le principal groupe d'habitations. Le territoire de Gujan est séparé de celui de La Teste par le ruisseau de La Hume, qui se jette dans le bassin d'Arcachon à l'ouest du Canal, dont l'embouchure est elle-même sur la limite des deux communes.

L'église de Gujan paraît ancienne ; mais il nous a été impossible de bien préciser la date de sa construction. Sur le frontispice de la porte d'entrée on voit encore les armoiries d'un ancien Captal de Buch et les attributs de sa dignité, le tout assez soigneusement sculpté. Des piliers de forme ronde séparent la nef des bas-côtés, ce qui fait supposer qu'on avait eu primitivement l'intention de voûter l'église, qui n'est cependant et n'a jamais été que lambrissée. Devenu trop petit pour la population, cet édifice a été agrandi et surhaussé, depuis le chœur jusqu'au chevet, en l'année 1841. Le reste aurait besoin d'une semblable réparation ; le clocher surtout, qui est en bois, demanderait à être remplacé par une de ces belles flèches en pierres comme il s'en élève de toutes parts, dans le diocèse, depuis une quinzaine d'années. Intérieurement, l'église de Gujan est bien entretenue. Elle a d'abord été dédiée à Saint-Exupère, puis à Saint-Maurice, et elle est actuellement sous le vocable de Saint-Michel, dont la fête a lieu le 29 septembre de chaque année. Cette cure a été autrefois unie à l'hôpital de Saint-Jacques de Bordeaux et au collége de la Madeleine, auquel appartenait la dîme de la paroisse, qui n'était alors qu'une vicairie perpétuelle. Elle a aujourd'hui le titre de succursale.

La population de Gujan se compose principalement de marins, qui se livrent, soit dans le Bassin, soit dans l'Océan, à diverses sortes de pêches, dont ils expédient à Bordeaux, par le chemin de fer, les abondants produits ; ce sont eux qui pêchent presque exclusivement ces énormes quantités de sardines, désignées sous le nom de *royans*, si justement estimées des gourmets, et pour la salaison desquelles l'administration des douanes a établi, à Mestras, en 1838, un entrepôt de sel des marais d'Audenge, Certes et Lanton.

Dans notre itinéraire, nous avons déjà, aux 10e et 11e stations, donné quelques renseignements sur la commune de Gujan ; le lecteur pouvant s'y reporter, nous nous abstenons de les reproduire.

LE TEICH.

Quoique placée sur le littoral, cette commune ne se livre point à la pêche comme celle de Gujan ; elle est essentiellement agricole. Sa population, dont le chiffre s'élève à douze cent sept habitants, est presque entièrement composée de cultivateurs. Toute la portion du territoire du Teich, qui avoisine le bassin d'Arcachon, s'étend jusqu'à la rive gauche de La Leyre, et renferme, nous l'avons vu, la gare de Lamothe, est bien cultivée ; on y trouve de magnifiques prairies. La partie du midi contient, au contraire, une grande étendue de landes communales encore incultes ; la mise à exécution de la loi du 19 juin 1857 fera bientôt, nous l'espérons, cesser le triste abandon dans lequel on laisse ces terrains ; ils fournissent, en attendant, de grandes quantités de moellons ferrugineux excellents pour la maçonnerie, et qu'on a employés, avec beaucoup d'art et de goût, à Arcachon, dans la construction de la chapelle Saint-Ferdinand, de l'église paroissiale et du presbytère.

Les anciens titres désignent la paroisse du Teich sous différents noms. Ainsi, dans le testament du Captal de Buch, Pierre Amanieu de Bordeaux, en date du 20 mai 1300, elle est dénommée tantôt *parropia deu Tilh,* tantôt *parropia deu Teyssi ;*

dans celui de Jean II de Grely, en date du 13 mars 1343, ainsi que dans un titre du 12 mars 1422, on l'appelle *parropia de Teys*. Dans les anciens pouillés, on la trouve nommée tantôt *de Tahis*, tantôt *du Taix* ou *Tais*, tantôt enfin *du Teys*. Mais, depuis le commencement du dix-huitième siècle, le nom de *Teich* a été définitivement adopté, et il a tellement prévalu qu'on n'en connaît plus d'autre aujourd'hui. Cette paroisse, située dans le Captalat de Buch, dépendait de l'archiprêtré de ce nom et plus tard de celui de Buch et Born. Sa cure était séculière et à la nomination directe de l'archevèque de Bordeaux ; le curé était gros décimateur, mais le seigneur de la paroisse prélevait le cinquième des revenus décimaux.

L'église du Teich, qui a le titre de succursale depuis 1808, paraît ancienne ; elle mérite d'être conservée, mais son état actuel réclame d'importantes réparations, qui, nous en sommes convaincu, ne se feront plus longtemps attendre. Déjà l'on s'occupe du clocher ; ce sera certainement le point de départ d'une restauration complète.

Cette commune est à une distance de dix kilomètres de La Teste et quinze kilomètres d'Arcachon, en suivant la route départementale, qui passe devant le château et traverse le bourg.

C'est au Teich, nous l'avons dit, qu'est le château de Ruat, demeure du dernier Captal de Buch.

Ce château a appartenu autrefois à la noble et ancienne maison de Castetja, à laquelle on attribue
la fondation de la chapelle de Notre-Dame, qui
existe dans l'église ; Jean de Castetja, écuyer, est
qualifié de seigneur de Ruat dans un acte du 15
décembre 1578. A la révolution de 1789, la propriété du Captalat de Buch se trouvait dans la famille de Ruat par suite de la vente qui en avait
été faite, le 23 avril 1713, par messire Henri-
François de Foix de Candale, duc d'Épernon, etc.,
à M. Jean Amanieu de Ruat, conseiller au Parlement de Bordeaux. C'est depuis cette époque que
la demeure du Captal fut fixée au Teich, car le
château-fort des anciens seigneurs était, on le sait
déjà, situé à La Teste, chef-lieu du pays de Buch.

Devenu acquéreur de la terre de Ruat, en 1845,
M. Festugière a fait des réparations très-considé-
rables au château et à ses alentours, qui avaient
été singulièrement négligés par le précédent propriétaire, M. Lauzac de Savignac. Le domaine est
vaste, bien cultivé et en parfait état ; il contient
de beaux réservoirs à poisson, auxquels ont été
appliqués les nouveaux procédés de pisciculture
marine ; la Société impériale zoologique d'acclima-
tation a décerné, pour cet utile progrès, une mé-
daille à M. Festugière, dans sa séance publique
annuelle du 10 février 1858.

La majeure partie de l'ancienne paroisse de Lamothe dépend aujourd'hui de la commune du Teich, dont le territoire, qui comprend les quartiers de Balanos et de Caudos, renferme aussi une grande portion des terrains autrefois occupés par le bourg, terrains sur lesquels se trouvent la gare de Lamothe ainsi que la fontaine Saint-Jean.

BIGANOS.

La commune de Biganos est située dans le canton d'Audenge, à quatre kilomètres du chef-lieu. Elle ne comptait qu'une centaine de feux lorsque M. Olivié père vint, en 1814, y établir sa verrerie ; aujourd'hui il y a treize cents âmes.

Outre la verrerie qui existe toujours, il y a encore dans cette commune le haut-fourneau pour la fusion du minerai de fer établi, en 1837, par MM. Dumora père et Gignoux, au lieu de Ponneau, sur le ruisseau de Lacanau. Nous avons déjà indiqué ces deux établissements dans notre itinéraire.

Nous n'avons rien à dire de l'église de cette paroisse, si ce n'est qu'elle demande à être rebâtie le plus promptement possible, afin d'être mise en rapport avec le gracieux campanile qui a été élevé, en 1857, sous la direction de M. Gustave Alaux.

C'est dans la paroisse de Biganos qu'existait jadis le prieuré de Comprian, fondé vers le douzième siècle par les Captaux de Buch, seigneurs de Puypaulin, qui avaient une prédilection particulière

pour ce prieuré, auquel ils firent des legs considérables et dont plusieurs d'entre eux choisirent la
chapelle pour lieu de leur sépulture. Diverses églises du diocèse, notamment Saint-Gervais de Biganos et Saint-Vincent de Mérignac, près Bordeaux,
dépendaient du chapitre royal de Comprian ; le
prieur était curé primitif et gros décimateur de ces
paroisses, dont les cures n'étaient que des vicai-
ries perpétuelles. Aujourd'hui, le prieuré ni son
église n'existent plus, et les anciens bâtiments
habités par le prieur et les chanoines de Comprian
ont perdu toute leur valeur archéologique en prenant peu à peu des formes nouvelles.

Le quartier d'*Argenteyres*, dont nous avons dit
quelques mots en parcourant le chemin de fer, fait
partie de la commune de Biganos. Il y avait autrefois une chapelle érigée sous l'invocation de Sainte-
Catherine ; elle était située un peu au-dessus de
la station actuelle de Canauley, au midi de la voie
ferrée et à environ huit kilomètres de distance de
l'église de Biganos. On nous a assuré, dans le pays,
que l'emplacement de cette chapelle, dont il ne
reste plus le moindre vestige, a été plusieurs fois
ensemencé de diverses manières, mais que jamais
rien n'a pu y croître ; sainte Catherine, ajoutait-
on, mécontente du peu de dévotion des habitants,
qui ont laissé tomber en ruines le modeste oratoire
élevé en son honneur, empêche que le sol sur le-

quel elle a été longtemps invoquée puisse servir à
tout autre usage.

AUDENGE.

Ce chef-lieu de canton était, il y a quelques
années, divisé en deux quartiers bien distincts,
quoique peu éloignés l'un de l'autre ; ils ne forment
bientôt plus qu'une seule agglomération, de nouvelles bâtisses ayant à peu près comblé le vide qui
séparait ces deux portions de la commune. Le quartier d'Audenge , proprement dit , possède l'église ;
celui de Certes, le château, bâti par M. le marquis
de Civrac.

Audenge et Certes paraissent avoir formé anciennement deux seigneuries différentes , qui ont
appartenu tour à tour : celle d'Audenge, à Bernard
de Blanquefort , au baron d'Ornon et à sa famille ,
à Jean de Bourbon sire de Bazian, au baron de La
Roche-Chandry, et à Jean de Castaing ; celle de
Certes, à la maison d'Albret, au duc de Mayenne,
à Antoine de Jaubert de Barrault et à la famille de
Durfort-Civrac, qui, enfin, au dix-huitième siècle,
possédait les deux seigneuries. Dans quelques par-
chemins du dix-septième siècle, on voit aussi que
le seigneur de Certes prenait quelquefois le titre
de *Captal de Certes ;* mais cette dénomination ne
se trouve que bien rarement dans les anciens actes,

et nous doutons fort qu'elle appartînt réellement à ce seigneur.

En 1770, M. le marquis de Civrac ayant acquis des habitants de Certes la propriété d'un chenal, au moyen duquel ils aboutissaient au bassin d'Arcachon, établit, entre ce quartier et le Bassin, des marais salants qui existent encore. Il fit creuser aussi de beaux réservoirs à poisson, et construisit un petit château, auquel il employa les démolitions de la tour du Castera, située dans la paroisse de Lamothe.

La commune d'Audenge a maintenant une population de onze cent trente-trois habitants, presque tous sauniers, marins ou douaniers. Son église, qui a le titre de cure de deuxième classe, n'offre rien de remarquable ; elle est dédiée à saint Paul. A un kilomètre environ au sud du bourg, il y avait autrefois la chapelle de Saint-Yves, en grande vénération dans le pays.

La route agricole de Facture à Arès traverse Audenge et Certes dans toute leur longueur.

LANTON.

La paroisse Notre-Dame de Lanton dépendait autrefois de la seigneurie de Certes. Le prieur de Comprian en était curé primitif et gros décimateur ; le prêtre qui la desservait n'était conséquemment que simple vicaire perpétuel. Elle faisait partie de l'archiprêtré de Buch et Born. C'est aujourd'hui une succursale.

Lanton est situé sur la rive nord du bassin d'Arcachon, à trois kilomètres d'Audenge. En 1726, il ne possédait que deux cent soixante-dix habitants; cinquante ans plus tard, il en avait trois cent quarante-huit, et aujourd'hui ce nombre est arrivé à six cent quarante-trois. Cette population se compose de marins, de cultivateurs et de sauniers. Il y a, à Lanton, des marais salants semblables à ceux d'Audenge et de Certes.

Entre le bourg de Lanton et celui d'Andernos, est située la plage de Taussat, où l'on a construit, pendant ces dernières années, un établissement de bains et quelques maisons. C'est une jolie position, qui paraît avoir de l'avenir.

ANDERNOS.

Andernos dépendait anciennement de la juridiction de Lacanau en Médoc, et son église du prieuré de Saint-Jacques du Barp, uni au monastère des Pères Feuillants de Bordeaux, qui étaient curés primitifs et gros décimateurs de la paroisse, dont le desservant n'avait d'autre titre que celui de vicaire perpétuel.

Vers la fin du seizième siècle, un sieur de Bazian était seigneur d'Andernos ; au commencement du dix-septième siècle, c'était M. de Baleste, que nous avons vu donner, en 1626, mille livres pour la construction de l'église de La Teste, et établir, à ses frais, dans cette église, la chapelle de Notre-Dame de Guérison. En 1784, la seigneurie d'Andernos appartenait à M. de Caupos-Lavie.

La commune d'Andernos fait partie du canton d'Audenge ; elle est à dix kilomètres du chef-lieu ; on y arrive par la route agricole de Facture à Arès, ancien chemin de grande communication n° 24 *bis*. Sa population, qui se compose principalement de marins, et n'était, en 1748, que de deux cent quatre-vingts habitants, est, d'après le dernier dénombrement, de cinq cent dix. Son église, pourvue du titre de succursale, est située tout au bord du bassin d'Arcachon, dont les flots baignent, à haute mer, les murs du cimetière, placé autour de l'église, comme dans presque toutes les campagnes. La plage est belle, et, depuis quelques années, un certain nombre de personnes vient s'y installer pendant la saison des bains.

La forêt de pins, désignée sous le nom de *Montagne d'Andernos,* est située entre Andernos et Arès, qui n'ont formé pendant plus de cent ans qu'une seule paroisse ; cette forêt est traversée par le ruisseau de Cire, limite actuelle des deux communes.

ARÈS.

Jusqu'à la fin du seizième siècle, la terre d'Arès n'eut pas d'autres propriétaires que les seigneurs de Blanquefort, parmi lesquels nous remarquons : en 1236, Arnaud de Blanquefort, dont la fille Raymonde était mariée à Pierre de Bordeaux, captal de Buch, et, en 1308, Bertrand de Goth, neveu du pape Clément V. La sœur de Bertrand de Goth ayant épousé Arnaud de Durfort, issu d'une famille noble très-ancienne, la seigneurie de Blanquefort passa dans la maison de Durfort, où elle est demeurée jusqu'à la révolution de 1789. Au mois de mai 1601, Jacques de Durfort ayant aliéné la haute justice qu'il exerçait et les rentes qu'il percevait, en qualité de châtelain de Blanquefort, sur diverses paroisses du diocèse, Arès devint le chef-lieu d'une seigneurie et d'une juridiction séparées, mouvantes à foi et hommage de la châtellenie de Blanquefort. Un des premiers seigneurs fut M. Gabriel Dalesme, conseiller du Roi et procureur général au bureau des finances de Guienne.

A cette époque, Arès formait une paroisse distincte de celle d'Andernos, et avait une église en propre, au lieu appelé *Les Arroques,* près du moulin de Cire. Nous n'avons pu retrouver nulle part en quel temps cette église a cessé d'exister ; la seule chose positive, c'est que, vers le milieu du dix-huitième siècle, Arès n'était plus qu'un quartier de la paroisse d'Andernos, bien qu'il fût toujours le siége d'une seigneurie et d'une juridiction séparées; il avait alors, à lui seul, une population de trois cent soixante habitants. On trouve, dans plusieurs actes, le seigneur de cette localité désigné sous le titre de *baron d'Arès*.

Lors de la division du royaume en communes, Arès et Andernos furent réunies en une seule circonscription; mais, au mois de mai 1850, le conseil municipal exprima le vœu que la section d'Arès fût érigée en commune. Les motifs exposés à l'appui de cette demande la justifiaient pleinement; les diverses autorités dont l'intervention est nécessaire, en pareil cas, donnèrent toutes des avis favorables au projet, et une loi des 29 janvier-4 février 1851 prononça l'érection d'Arès en commune distincte.

Cette commune est située sur la rive septentrionale du bassin d'Arcachon, à quatre kilomètres d'Andernos et à quatorze kilomètres d'Audenge; elle a une population de huit cent quarante-trois habitants.

Le château, dont les alentours sont charmants, appartient actuellement à M. Léopold Javal, député au Corps législatif et membre du Conseil général de la Gironde.

L'église est située sur la place, à peu de distance

du château ; elle a été construite en 1845, sous le vocable de Saint-Vincent de Paule. Elle n'a encore que le titre de chapelle de secours.

Pendant la saison d'été, la plage d'Arès, sur laquelle on a récemment bâti plusieurs maisons de bains, est fréquentée par une assez grande quantité d'étrangers. Le poisson n'est pas rare dans cette commune, dont presque toute la population fait la pêche dans le Bassin avec le plus grand succès.

LÈGE.

Vers la fin du onzième siècle, les ducs de Guienne, qui possédaient la baronnie de Lège, en firent don au chapitre de Saint-André de Bordeaux, et il est question, dans un acte de 1262, du château de Lège, dont la magnifique avenue d'ormeaux aboutissait directement à la mer. Les chanoines de Saint-André conservèrent cette seigneurie jusqu'à la fin du seizième siècle, époque où ils furent obligés de la vendre à un sieur de Gourgues ; elle passa ensuite dans les mains du duc d'Épernon, et devint en dernier lieu la propriété de M. de Marbotin, conseiller au Parlement de Bordeaux.

Lège fut longtemps un lieu considérable, et les droits seigneuriaux de sa baronnie devaient être d'un très-grand produit au onzième siècle, car elle ne fut donnée au chapitre que pour aider au rétablissement de la cathédrale de Bordeaux, dévastée par les Normands ; mais à la fin du quinzième siècle, les sables commencèrent d'envahir cette malheureuse paroisse, dont les habitants se virent obligés de transporter l'église à près d'une lieue de l'endroit où elle avait été primitivement bâtie. Il paraît même que cette distance devint bientôt insuffisante, car ils furent de nouveau contraints, en 1664, de démolir et de reconstruire cette même église, qui ne fut achevée qu'en 1666.

La cure de Lège était séculière et à la collation de l'archevêque de Bordeaux ; le seigneur était gros décimateur. Elle a maintenant le titre de succursale.

Cette commune, située à l'angle nord du bassin d'Arcachon, est aujourd'hui la moins peuplée du canton d'Audenge, dont elle fait partie : bien que le haut-fourneau, créé en 1847 sur son territoire, par M. Gignoux, ait un peu accru le chiffre de sa population, elle ne possède que quatre cent soixante-cinq habitants, alors qu'en 1740, elle en comptait déjà trois cent vingt-cinq.

IX.

CURIOSITÉS A RECUEILLIR DANS LE PAYS PAR LES NATURALISTES.

Si les alentours du bassin d'Arcachon n'offrent rien de curieux aux archéologues ni aux antiquaires, les amateurs d'histoire naturelle trouveront du moins à y faire une ample et riche moisson.

Nous allons indiquer ce que nous connaissons de plus remarquable dans chacun des trois règnes de la création, en suivant, dans chaque classe, l'ordre alphabétique.

RÈGNE ANIMAL.

MAMMIFÈRES. — Le Chevreuil *(Cervus capreolus)* : très-rare maintenant ; il a été autrefois très-commun.

L'Écureuil *(Sciurus vulgaris)* : très-commun ; appelé, en patois du pays, *gat-skirauou*. On en trouve qui sont presque noirs.

La Genette *(Viverra genetta)* et la Marte *(Mustela martes)* : l'une et l'autre sont rares.

Le Hérisson *(Erinaceus europœus)* : singulier petit animal, qui offre en guise de poils de fortes épines, qu'on ne peut toucher impunément ; craint-il quelque attaque, il se ramasse et se roule en un globe qui présente de tous côtés ses redoutables épines.

Plusieurs phoques ont été pris dans le bassin d'Arcachon, mais ces animaux n'y sont pas constamment.

Oiseaux. — L'Aigle Jean-le-Blanc *(Falco brachy-dactylus)* : très-rare.

L'Aigle royal *(Falco fulvus)* et le petit Aigle *(F. nœvius)* : excessivement rares.

L'Avocette à nuque noire *(Recurvirostra avocetta)* : rare.

Le Balbuzard *(Falco haliœtus)*.

Le Bec-croisé *(Loxia curvi-rostra)* : commun ; il niche dans les pinadas.

Le Casse-noix *(Corvus caryocatactes)*.

Le Grand-duc *(Strix bubo)*.

La Foulque macroule *(Fulica atra)* : assez commune ; on en voit toute l'année.

La Pie-grièche grise *(Lanius excubitor)*.

La Pygargue *(Falco albicilla)* : très-rare.

La Spatule blanche *(Platales leucorodia)* : commune, mais de passage.

Reptiles. — La Couleuvre d'Esculape *(Coluber Æsculapii)* : rare.

L'Orvet *(Anguis fragilis)*. On le nomme dans le pays : *Dibendres (Vendredi)* parce que le peuple croit que sa morsure est mortelle, le vendredi surtout ; c'est à la fois une superstition et une erreur, car ce serpent n'est point venimeux et n'a probablement jamais mordu personne : on peut le prendre avec la main sans aucun danger.

La Salamandre ordinaire (*Salamandra terrestris*) : commune.

La Salamandre aquatique (*Lacerta palustris*) : très-commune.

La Vipère (*Vipera communis* ou *coluber berus*) : commune et très-venimeuse.

Poissons. — Le Cheval de mer (*Syngnatus hippocampus*).

Le Lézard de mer (*S. typhle*).

La Raie (*Raja*) : de plusieurs espèces, telles que la grande raie aigle nommée dans le pays *Poustau*, la raie bouclée, la raie lisse, la Pastinaque appelée par les pêcheurs *Haoutche* ou *Tère;* mais la plus curieuse est la Torpille (*Raja torpedo*), dont tout le monde connaît la singulière propriété électrique : elle est commune dans le Bassin.

Quant aux poissons comestibles, nous avons déjà dit qu'on en trouve de presque toutes les espèces, tant dans la mer et le Bassin que dans les étangs.

Insectes. — L'Arctie marbrée (*Artica villica*). Rare.

L'Argyne tabac d'Espagne (*Argynnis paphia*).

    Id.   grand nacré (*A. Adippe*).

    Id.   petite violette (*A. Dia*).

    Id.   petit nacré (*A. Lathonia*).

    Id.   Délie (*A. Delia*).

Le Bostriche capucin (*Bostricus capucinus*).

Le Bousier sacré (*Atteucus sacer*).

Le Bupreste à 8 taches (*Buprestis octoguttata*).

    Id.   vert (*B. viridis*).

Le Calosome sycophante (*Calosoma sycophanta*).

La Cicindèle maritime (*Cicindela maritima*).

Le Fourmilion (*Myrmeleo formicarius*). La larve de cet insecte tend aux fourmis des piéges, en forme d'entonnoirs, qu'elle creuse dans le sable ; elle se tient cachée au fond de ces entonnoirs, et attend patiemment que les insectes tombent dans le précipice ; s'ils n'y arrivent pas assez tôt ou qu'ils cherchent à s'échapper une fois tombés, elle fait pleuvoir sur eux, avec sa tête et ses mandibules, une si grande quantité de grains de sable qu'ils roulent au fond du trou ;

alors elle les emporte, suce leur sang, et rejette ensuite les cadavres loin d'elle.

Le Hanneton foulon (*Melolonta fullo*). Rare.

    Id.   de Frisch (*M. Frischii*).

Le Mylabre à dix points (*Mylabris decem punctata*).

La Mante prêcheuse (*Mantis oratoria*).

La Nébrie des sables (*Nebria arenaria*).

Le Polyommate argus satiné (*Polyommate hippothoë*). Rare.

    Id.   de la verge d'or (*P. virgaurea*). Rare.

Le Satyre faune (*Satyrus fauna*).

    Id.   Phèdre (*S. Phœdra*).

Sphinx du Tithymale (*Sphinx Euphorbiœ*).

Le Taupin sanguin (*Elater sanguineus*).

Le Vanesse morio (*Vanessa Antiopa*).

Mollusques. — La Méduse (*Medusa aurita*).

La Sèche officinale (*Sepia officinalis*) et la Sèche loligo (*S. loligo*). Elles sont toutes les deux très-communes ; dans le pays on appelle cette dernière : *Laoussaoux*. La Sèche est très-laide ; ses longs bras flexibles armés de ventouses, son corps en forme de poche oblongue couverte d'une peau visqueuse et brune ou grisâtre, sa puissance pneumatique, la manière dont elle attaque ou se défend, ses habitudes agressives, tout se réunit pour en faire un être à part. Comme les crabes et les homards, elle voit repousser le membre qu'elle a perdu par accident. Elle sécrète à volonté une liqueur noirâtre qui se mélange très-rapidement avec l'eau ; cette liqueur, que l'on utilise dans la peinture sous le nom de sépia, est placée dans une petite vessie qui s'ouvre et se referme par une contraction musculaire. On trouve, dans l'intérieur de la Sèche, cet os oblong contre lequel les serins et les chardonnerets aiment tant à aiguiser leur bec.

Il y a aussi, dans le bassin d'Arcachon, plusieurs espèces d'oursins, entre autres la châtaigne de mer (*Echinus esculentus*); et un grand nombre de coquilles, telles que Donaces, Myes, Pholades, Pinnes, Vénus, etc.

RÈGNE VÉGÉTAL.

Parmi le grand nombre de plantes de toute espèce que l'on trouve dans ces contrées, les plus
curieuses, à notre avis, sont les suivantes :

Adenocarpus parvifolius.

Airopsis globosa. *Rare.*

Arbutus unedo. *Très-commun.*

Arundo epigeyos.

Aster novi-Belgii.

Astragalus Bayonensis. *Rare.*

Atriplex rosea. *Très-commun.*

Avena thorei.

Carex trinervis. *Très-commun.*

  Id. œderi.

Chara syncarpa. *Rare.*

Chironia spicata.

Cistus salvifolius.

Cochlearia anglica.

  Id. danica. *Rare.*

Cytinus hypocistis.

Dianthus gallicus. *Rare.*

Diotis candidissima.

Erica polytrichifolia. *Très-
commune.* Elle se trouve
dans les marais de Braouet
et dans la Grande-Forêt ; on
la chercherait vainement
dans toute autre partie de la
France.

Euphorbia paralias. *Commune.*

Euphorbia platyphyllos. *Rare.*

Exacum candollii.

Festuca sabulicola.

Glaucium flavum.

Hieracium eriophorum.

  Id. prostratum.

Isoëtes lacustris. *Très-rare.*

Juncus acutus. *Rare.*

  Id. heterophyllus. *Rare.*

Kœleria albescens.

Linaria thymifolia.

Lychnis læta. *Rare.*

Lycopodium inundatum. *Rare.*

Lobelia dortmanna. *Commune.*
Cette plante ne croît, en
France, que sur les bords de
l'étang de Cazeaux et du canal d'Arcachon.

Malaxis loëselii. *Très-rare.*

Medicago marina. *Rare.*

Narcissus bulbocodium. *Rare.*

Pancratium maritimum. *Rare.*
Découvert en 1857, au phare
du cap Ferret.

Pilularia globulifera. *Très-rare*

Rottbolla filiformis. *Commune.*

Ruppia maritima. *Rare.*

Scirpus tenuifolius.

Statice auriculæfolia.

Statice dichotoma.

Trachynothia stricta. *Rare.* | Umbilicus pendulinus. *Rare.*
Triglochin barrelieri. *Rare.* | Zostera marina.

Enfin un grand nombre de mousses, hépatiques, lichens, algues, champignons et autres cryptogames très-curieux, dont il nous est impossible de donner la nomenclature, trop longue pour trouver place dans cette rapide énumération.

Les botanistes peuvent d'ailleurs consulter, à ce sujet, la Flore de la Gironde, par M. Laterrade père, la Statistique de M. Jouannet, les Actes de la Société Linnéenne de Bordeaux, et principalement le *Catalogue des plantes phanérogames et cryptogames qui croissent spontanément aux environs de La Teste-de-Buch,* publié, en 1844, par M. A. Chantelat, pharmacien à La Teste et plus tard à Gujan, savant modeste, au cœur franc et généreux, qu'une mort prématurée a récemment enlevé à la vive affection de sa famille et de ses amis.

RÈGNE MINÉRAL.

Les minéraux propres à la localité sont à peu près nuls; on ne rencontre que le *Quartz arénacé,* dont les dunes du littoral sont presque entièrement formées, et le *Fer oxydé, hydraté, concrétionné et massif.* Les argiles ne présentent aucun caractère remarquable.

Toutes les autres espèces minérales que l'on peut recueillir proviennent des chargements de pierres apportés de la Bretagne par les caboteurs du port de La Teste ; ce sont des gneiss, des schistes avec macles et grenats, des granits, des chaux carbonatées, des fers pyriteux, globuliformes, etc.

On trouve aussi parfois dans la contrée quelques substances volcaniques, mais elles viennent d'autre part et sont loin d'appartenir aux environs du bassin d'Arcachon, qui n'ont jamais ressenti la moindre influence volcanique.

FIN.

LISTE

DES MARCHANDS, ARTISANS, INDUSTRIELS, ETC.,

ÉTABLIS A ARCACHON.

— ·◊· —

Bijoutiers.

Ve LESCA, aux portails de l'église paroissiale et de la cha-
pelle Saint-Ferdinand, et allée Notre-Dame, 4.
Ve AULANET, allée Notre-Dame, 15.
MÉAUT, boulevard de la Plage, 98.

Bimbelotiers.

REIMONENCQ-VERTIER, boulevard de la Plage, 46.
BOUCHE, boulevard de la Plage, 105.

Bouchers.

ADRIEN, boulevard de la Plage, 46.
LABASSA aîné, boulevard de la Plage, 68.
DHIOS, place Sainte-Anne, au marché.
LABASSA (Aimé), boulevard de la Plage, 122.

Boulangers.

LUSSAN fils, boulevard de la Plage, 58.
LABASSA (Chéri), boulevard de la Plage, 65.
DUTOUYA, boulevard de la Plage, 62.

Cafetiers.

DUTOUYA, boulevard de la Plage, 62.
POUEY, boulevard de la Plage, 90.
MOINEAU, boulevard de la Plage, 156.

Charcutiers.

JAMPY, boulevard de la Plage, 107.
THIBAULT, place Sainte-Anne, au marché.

Charpentiers.

Lafon, allée Notre-Dame, 9.
Laulon, allée Notre-Dame, 11.
Duprat, maison dans la forêt.
Mano, rue de la Mairie.
Téchoueyres, boulevard de la Plage, 172.

Coiffeurs.

Duboué, boulevard de la Plage, 80.
Loude, boulevard de la Plage, 176.

Comestibles (Marchand de).

Bertrand, boulevard de la Plage, 118.

Conserves alimentaires (Fabricant de).

Jean Lacou, boulevard de la Plage, 108.

Constructeurs.

Baudens, boulevard de la Plage, 52.
Baudens neveu, boulevard de la Plage, 151.
Moineau, boulevard de la Plage, 136.

Cordonniers.

Labarthe, boulevard de la Plage, 75.
Bruel, boulevard de la Plage, 96.
Mme Baumann, boulevard de la Plage, 160.

Couvreur.

Balut, boulevard de la Plage, 126.

Dentiste.

Duboué, boulevard de la Plage, 80.

Épiciers.

Vincent Raufast, boulevard de la Plage, 16.
Lesca (Désiré), boulevard de la Plage, 26.
Boyrie, boulevard de la Plage, 58.
Lafon, boulevard de la Plage, 60.
Duvaché, rue Jehenne.
Bellangé, boulevard de la Plage, 159.
Tournier, boulevard de la Plage, 114.

Vénot-Laborde, boulevard de la Plage, 152.
Chaudru, boulevard de la Plage, 158.
Dignac, boulevard de la Plage, 202.

Ferblantiers.

Argilas aîné, allée Notre-Dame, 7.
Lesca fils, boulevard de la Plage, 40.
Chaffard, boulevard de la Plage, 72.

Forgerons-Serruriers.

Argilas, allée Notre-Dame, 7.
Georges, boulevard de la Plage, 66.

Huîtres (Dépôts d').

Lafon, boulevard de la Plage, 88.
Dignac, boulevard de la Plage, 202.
Lesca, boulevard de la Plage, 285.

Jardinier.

Longau, boulevard de la Plage, 143.

Légumes (Marchandes de).

Mme Bouquet, rue de la Mairie.
Mme Denis, cours Sainte-Anne.

Lisseuses et Blanchisseuses.

Mme Noel, boulevard de la Plage, 101.
Mme Darrac, rue Jehenne.
Mlle Bouscaut, rue de la Mairie.
Mmes Léon et Mathieu, boulevard de la Plage, 96.
Mlles Georges, boulevard de la Plage, 114.
Mme Martineau, boulevard de la Plage, 118.
Mmes Lefèvre et Bon, boulevard de la Plage, 152.
Mme Sabathié, boulevard de la Plage, 212.

Menuisier.

Duvaché, rue Jehenne.

Modistes.

Mlles Ganelon, rue Dussaut, dans la forêt.

Pâtissiers.

Dehillotte (Justin), allée Notre-Dame, 15.
Lussan fils, boulevard de la Plage, 87.

Dupeyron, rue de la Mairie.
Daussy, boulevard de la Plage, 134.
Dessans, boulevard de la Plage, 152.
Thomas Lussan, boulevard de la Plage, 206.

Peintres.

Lussan fils, boulevard de la Plage, 87.
Deligey, rue Jehenne.
Delamarre, boulevard de la Plage, 151.

Pension bourgeoise.

Mme Lafon, boulevard de la Plage, 90.

Plâtrier.

Dreuilh, rue de la Mairie.

Poisson (Marchands de).

Lesca (Louison), boulevard de la Plage, 24.
Bouscaut, boulevard de la Plage, 36.
Dignac, boulevard de la Plage, 64.
Dasté, rue de la Mairie.
Dignac, boulevard de la Plage, 202.
Lesca, boulevard de la Plage, 285.

Quincaillier.

Lesca aîné, boulevard de la Plage, 40.

Tailleuse.

Mme Baquey, boulevard de la Plage, 175.

Vins (Marchands de).

Bouscaut, boulevard de la Plage, 36.
Dreuilh, rue de la Mairie.
Bruel, boulevard de la Plage, 96.
Jean Lacou, boulevard de la Plage, 108.
Mandrau, boulevard de la Plage, 118.

Voituriers.

Lesca, boulevard de la Plage, 26.
Boyrie, boulevard de la Plage, 38.
Lestout jeune, boulevard de la Plage, 67.
Cazaubon, boulevard de la Plage, 74.
Thomas Lussan, boulevard de la Plage, 206.

INDEX ALPHABÉTIQUE

DES MATIÈRES CONTENUES DANS CE VOLUME.

TABLE

—

FIN DE LA TABLE.

EXTRAIT DU CATALOGUE

LIVRES DE FONDS DE LA LIBRAIRIE P. CHAUMAS.

Traité théorique et pratique de l'action rédhibitoire dans le commerce des animaux domestiques, contenant : la législation, la doctrine et la jurisprudence sur la matière, la définition des vices rédhibitoires, l'explication détaillée des règles de la procédure, *un formulaire complet de tous les actes nécessaires*, etc., par M. Oscar Dejean, juge-de-paix du canton de Pessac (Gironde);

Un volume in-12.— Prix : *trois francs.*

Pour recevoir cet ouvrage franc de port, adresser à l'auteur ou à M. Chaumas, libraire, par lettre affranchie, un mandat de poste de 3 francs ou la même somme en timbres-poste.

Vin (le) de Bordeaux. — *Promenade en Médoc*, par Saint-Amant, 1 vol. in-18. . . . . 2f » c

Nouveau conducteur de l'Étranger a Bordeaux, par E. L., 4 figures et plan de la ville dressé en 1858. . . 1 50

Traité sur les Vins du Médoc et les autres Vins rouges et blancs du département de la Gironde, par W. Franck, 3e édition, avec 26 vues de châteaux et une carte du département de la Gironde, 1 vol. in-8°. . . . . 6 »

Statistique du département de la Gironde, par Jouannet, avec la carte du département, 5 vol. in-4°. . . . . . 21 »

Supplément a la statistique du département de la Gironde (1847), 1 vol. in-4°, avec figures. 7 50

Grands vins de Bordeaux (les), poème par Biarnès, in-8°, figures. . . . . 6 »

Guide du Consommateur de bons Vins, ou Essai sur les produits vinicoles du département de la Gironde, par J. Ferrier, D.-M., in-8° (1857).. . . . . 2 50

Études sur les Landes, par le b°ⁿ d'Haussez, 1 v. in-8° . . »

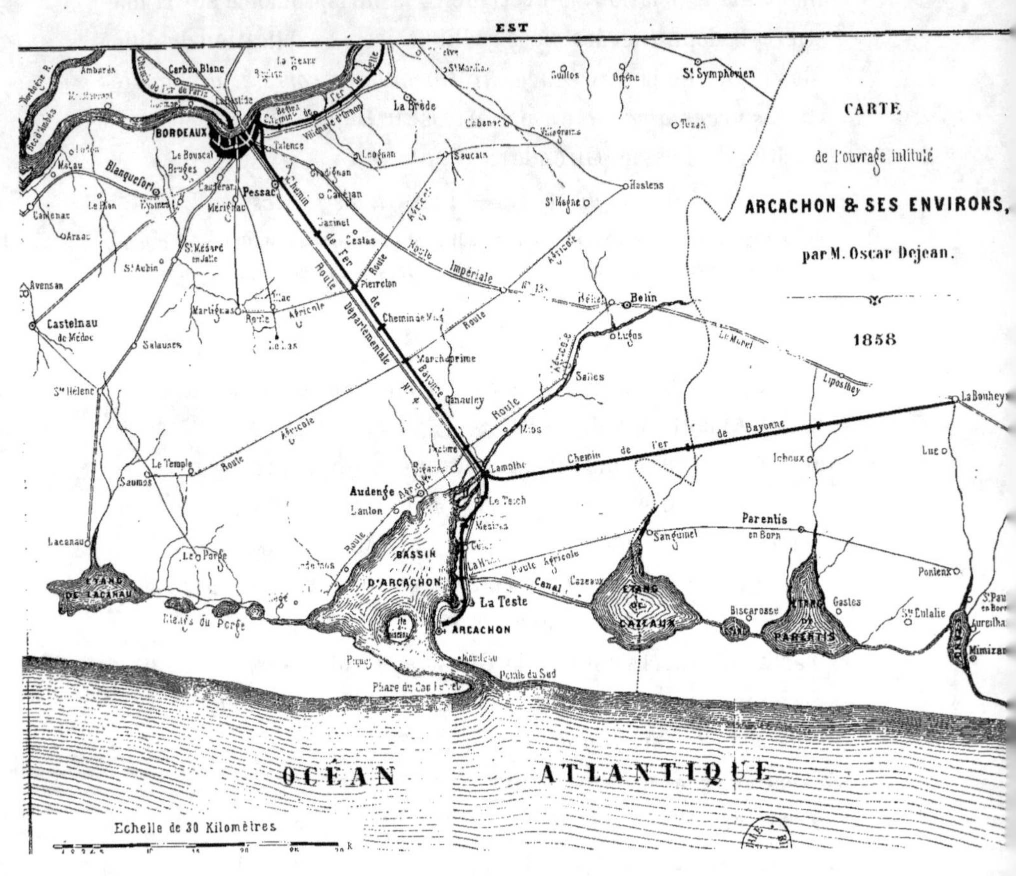

EST
CARTE
de l'ouvrage intitulé
ARCACHON & SES ENVIRONS,
par M. Oscar Dejean.
1858
OCÉAN ATLANTIQUE
Echelle de 30 Kilomètres
BORDEAUX
Carbon Blanc
Ambarès
La Brède
St Symphorien
Guillos
Origne
Tuzan
Talence
Cabanac
Villagrains
Pessac
Gradignan
Léognan
Saucats
Le Bouscat
Bruges
Blanquefort
Canéjan
St Magne
Hastens
Mérignac
St Médard
en Jalle
Cauderan
St Aubin
Cestas
Avensan
Pierreton
Castelnau
de Médoc
Belin
Béliet
Lugos
Le Muret
Liposthey
La Bouhey
Salauses
Marcheprime
Salles
Ste Hélène
Mios
Bayonne
Le Temple
Lamothe
Chemin de fer de Bayonne
Ichoux
Lue
Saumos
Facture
Biganos
Parentis
en Born
Lacanau
Le Porge
Audenge
Lanton
Mestras
Sanguinet
Ponlen
ETANG
DE LACANAU
Pistes du Porge
BASSIN
D'ARCACHON
La Hune
Cazeaux
ETANG
DE
CAZAUX
Biscarosse
ETANG
DE
PARENTIS
Gastes
Ste Eulalie
St Pau
en Born
La Teste
Canal
Le Teich
ARCACHON
Piquey
Phare du Cap Ferret
Pointe du Sud
Mimizan
Route Départementale
Route Impériale
Route Agricole
Chemin de Fer

www.ingramcontent.com/pod-product-compliance
Lightning Source LLC
Chambersburg PA
CBHW061458060726
47597CB00002B/644